세상을바꾸는힘, 절실함

절실함이 세상의 모든 성공 기운을 끌어당긴다

세상을 바꾸는 힘, 절실함

장중호 지음

메이트북스

메이트북스 우리는 책이 독자를 위한 것임을 잊지 않는다.
우리는 독자의 꿈을 사랑하고,
그 꿈이 실현될 수 있는 도구를 세상에 내놓는다.

세상을 바꾸는 힘, 절실함

초판 1쇄 발행 2020년 9월 5일 | **지은이** 장중호
펴낸곳 ㈜원앤원콘텐츠그룹 | **펴낸이** 강현규 · 정영훈
책임편집 유지윤 | **편집** 안정연 · 오희라 | **디자인** 최정아
마케팅 김형진 · 차승환 · 정호준 | **경영지원** 최향숙 · 이혜지 | **홍보** 이선미 · 정채훈
등록번호 제301-2006-001호 | **등록일자** 2013년 5월 24일
주소 04607 서울시 중구 다산로 139 랜더스빌딩 5층 | **전화** (02)2234-7117
팩스 (02)2234-1086 | **홈페이지** www.matebooks.co.kr | **이메일** khg0109@hanmail.net
값 14,500원 | **ISBN** 979-11-6002-299-5 03190

이 도서의 국립중앙도서관 출판시도서목록(CIP)은 e-CIP홈페이지(http://www.nl.go.kr/ecip)에서
이용하실 수 있습니다.(CIP제어번호 : CIP2020034269)

행동의 가치는
그 행동을 끝까지 이루는 데 있다.

• 칭기즈 칸(몽골 제국의 제1대 왕) •

Prologue
애매한 인생,
손을 놓든가 아니면 매달려보든가!

평범한 보통 사람들의 삶은 애매하다. 잠시 성공했다고 자부할 일도 아니고, 실패했다고 절망할 일도 아니다. 별 탈 없이 하루하루를 살아가지만 만족스럽지도, 그렇다고 불만족스럽지도 않다.

출퇴근길에 버스나 지하철에서 수많은 사람들의 얼굴을 보면서 이런 생각이 든다. '과연 저들은 자기의 삶에 만족하고 행복할까? 다들 자신이 어렸을 때부터 생각하고 바라던 삶을 지금 살고 있을까? 그것이 아니라면 자신이 바라던 삶으로 가기 위한 계획들을 가지고는 있을까?'

우리가 주변에서 만나는 대부분의 사람들은 이 물음에 선뜻 "그렇다"라고 말하지는 못할 것이다. 그래서 열정적이고 긍정적인 마음가짐으로 자신의 삶에 만족하며 사는 사람들을 만날 때면 부러운 마음이 든다.

TV나 신문에서 열정을 가지고 열심히 노력해서 무엇인가를 이루어낸 사람들의 스토리를 접할 때가 많다. 이것은 나에게 때로는 큰 자극이 되기도 하지만, 그때 그 순간일 뿐이다. 다음 날이 되면 우리가 살던 원래의 삶으로 되돌아가니 말이다.

많은 사람들은 자신의 삶이 '애매하다'라고 생각한다. 만족스럽다고 혹은 불만족스럽다고, 성공했다고 혹은 실패했다고 이야기하기가 애매하다는 것이다. 지금의 삶보다 더 나은 삶을 만들기 위해 무엇인가를 해보고 싶은데, 성공 스토리에 나오는 사람들처럼 두 팔을 걷어붙이고 무언가를 열정적으로 시작해보기도 그렇다. 그저 지금 정도의 수준으로만 살았으면 좋겠다고 하기에도 그렇고, 만족하며 자신을 위안하기에도 그렇고 참 애매하다.

나 역시 오늘도 애매한 삶을 살아가고 있다. 그러나 지금의 현실에 안주하거나 하루하루를 '그러려니' 하면서 살지 않기 위해 이 책을 썼다. 우리 모두의 결론은 단순하다. '애매한 인생, 그럼에도 한번 매달려볼 것인가, 아니면 그냥 손을 놓을 것인가?' 지금 이 순간 결정해야 한다. 만약 매달려보겠다고 결정을 했다면 우리는 달라져야 한다.

　나는 많은 이들이 손을 놓고 그냥 살아갈 때, 그래도 무엇인가 이뤄보겠다고 매달려본다면 그 사람은 반드시 자신이 꿈꾸는 삶을 살 것이라 믿는다. 매달려본다고 해서 반드시 부자가 되고 출세한다는 뜻은 아니다. 그것은 꿈에 대한 이야기다. 꿈이 크든 작든, 자기가 하고 싶고 이루고 싶은 꿈 말이다.

사람들에게 "당신의 꿈은 무엇인가요?"라고 물어보면 대부분의 사람들은 대답하기를 어려워한다. 인생을 살아가면서 꼭 이루고 싶고, 하고 싶은 일을 찾은 것만으로도 그의 인생은 절반은 성공한 셈이다.

뚜렷한 목표가 있고 어디로 가야 하는지를 안다는 것은 이미 성공의 조건을 갖추었다는 뜻이다. 남들은 대답하기도 어려워하는데, 이미 꿈을 가졌다는 것만으로도 큰 축복이다.

진정한 꿈을 가진 사람은 그 꿈을 이루기 위해 간절하고 절실한 마음을 가지게 된다. 꿈의 크기를 떠나 내 인생을 걸 만한 의미가 있다면, 꼭 이루고 싶은 절실함은 저절로 생긴다. 그리고 절실함이 나의 심장을 더 힘차게 뛰게 만들고, 혈관을 통해 온몸에

흐르도록 만들 수만 있다면, 그리고 나의 뼛속 깊이 새겨놓아서 어려움이 닥쳐도 포기하지 않고 끝까지 매달릴 수만 있다면 반드시 꿈을 이룰 수 있다.

처음에 생각했던 꿈을 그대로 이루지 못한다고 하더라도 절실하게 매달리는 그 과정을 통해 우리는 더욱 성숙해지고 강해져서 어쩌면 처음의 꿈보다 더 큰 것을 이루게 되는 경우도 있다.

'절실함을 통해 꿈을 이룬다'라는 단순한 원칙은 지금을 살아가는 우리 모두의 삶뿐만 아니라 수천 년의 역사 속에 있었던 수많은 나라들의 흥망성쇠 이야기, 그리고 성공가도를 달리다가 망해버린 기업들의 이야기에서 확인할 수 있다. 2천 년 전의 로마는 왜 그렇게 강했었는지, 줄리어스 시저는 어떤 꿈을 꿨었는지,

800년 전의 몽골 제국이 세상을 정복한 힘은 어디서 나왔고 순식간에 왜 망해버렸는지 등은 모두 꿈과 절실함과 관련된 이야기다.

천하무적이라 불리던 스페인의 무적함대가 영국의 빈약한 해군에게 박살이 난 사연은 오늘의 우리에게 어떤 마음가짐으로 살아야 하는지를 알려준다. 노키아, 야후, 소니 등 영원할 것만 같았던 기업들은 절실함의 DNA를 잃어버린 CEO와 리더들의 실수로 지금은 초라한 모습이 되고 말았다.

아직은 조금 생소하지만 '그로스해킹(growth hacking)'이라는 단어는 절실함과 열정으로 창업한 벤처기업들이 살아남기 위해, 지속적으로 성장하도록 이끌어주는, 지금의 이 어려운 환경을 헤

쳐가야 하는 경영인이라면 반드시 따라야 할 비법이다. 자신을 '해커'라고 부르며 누구도 따라올 수 없는 최고의 회사로 키워낸 페이스북의 마크 저커버그처럼, 최고의 경영자들은 꿈과 사명, 그리고 절실함과 용기라는 말을 늘 입에 달고 살아야 한다.

이 책에 담겨 있는 성공한 사람들의 이야기와 안타까운 실패 담을 통해 교훈을 얻을 수 있는 계기가 되었으면 좋겠다. 그리고 독자 여러분에게 도움이 되길 바란다.

많은 사람의 마음속에 '내 인생은 애매하다'…라는 생각에서 벗어나 지금이라도 생각과 관점을 바꾸고, 주저앉은 자리에서 일어나 가슴속 오랜 꿈을 이루겠다고 마음먹게 하는 데 이 책이 도움이 된다면, 그것만으로도 나의 꿈은 이루어지는 것이라 생각한다.

오늘도 피곤한 몸을 이끌고 학교나 일터로 향하는 우리와 같은 평범한 사람들이 가족과 친구들에게서 이 말을 듣게끔 만들고 싶다.

　"그래, 너는 다 계획이 있구나."

장중호

프롤로그 애매한 인생, 손을 놓든가 아니면 매달려보든가! •006

1장 절실함이 없어진, 두려움만 넘치는 시대

지금의 내 모습과 우리의 현실이 정말로 싫다 •019
지금의 두려움을 용기로 바꿀 수 있다면? •027
절실함이란 무엇인가 •035

2장 절실함이 만들어낸 천년 제국의 역사

타고난 전쟁 비즈니스 기업, 로마 제국의 절실함 •049
스페인 무적함대를 격파한 엘리자베스 여왕의 절실함 •060
위대한 몽골 제국을 만든 칭기즈 칸의 절실한 꿈 •070
천년 갈 듯하던 수많은 기업들, 그리고 안타까운 사연들 •079

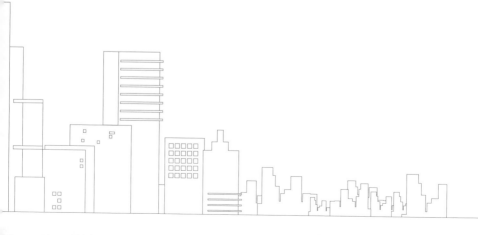

3장 뭔가 해내는 것에는 다 이유가 있다

이전의 방식은 모두 잊어라, 그로스해킹 • 101

그로스해커는 무엇으로 사는가? • 111

역사의 그로스해커, 포르투갈과 네덜란드의 경쟁 • 119

실패할 수 있는 자유, 페이스북의 마크 저커버그 • 132

잽 경영과 내진설계가 일품이다, LG생활건강 차석용 • 141

4장 준비 끝, 이제부터 반전이 시작된다

나는 관점이라는 말을 아주 좋아합니다 • 155

성공한 사람들은 어떻게 절실함을 키우는가? • 163

절실함은 극한의 긍정과 용기의 산물이다 • 173

절실한 사람만이 만드는 멋진 드라마, 턴어라운드와 반전 • 183

에필로그 절실함, 세상의 모든 성공 기운을 끌어당기는 기술 • 194

전 세계적으로 불경기가 시작된 지 오래다. 엎친 데 덮친 격으로 코로나19 바이러스로 모든 것은 불확실해졌다. 사람들과 기업들은 미래를 긍정하기보다는 부정적으로 바라본다. 그럼에도 꿈을 이루고 성공하는 사람은 언제나 있다. 그들 역시 우리처럼 똑같이 힘든 상황이지만 불안과 두려움을 용기로 이겨내고 일어선다. 마음속에 꿈을 이루고자 하는 절실함이 놀라운 에너지를 만들고, 이 긍정의 에너지는 상상도 못할 큰 힘으로 기적을 만든다.

1

절실함이 없어진,

두려움만 넘치는 시대

지금의 내 모습과
우리의 현실이 정말로 싫다

사람들은 불안한 현실을 피하고자 어딘가로 떠나고 싶어하지만 쉽지 않은 선택이다. 그럼에도 답을 찾기 위한 여정을 이제부터라도 시작해야 한다.

인간은 탐욕의 동물이다. 지금보다 더 편해지고 싶어하고, 더 많은 것을 가지고 싶어한다. 인간과 동물의 차이점은 수없이 많은데 그중 하나가 '탐욕'이다.

동물은 그날 하루의 양식만 있으면 만족하고 더이상 욕심을 부리지 않는다. 물론 곰은 겨울에 먹이가 없어질 것을 대비해 겨울잠을 자기 전에 연어를 배부르게 먹고, 다람쥐는 도토리를 나무 밑에 모아놓는다. 하지만 그것은 딱 그 겨울까지의 일이다.

반면에 인간은 어떠한가? 인간은 하루를 넘어 한 달, 일 년, 아니 평생을 편하게 지내기 위해 그만한 돈과 부(富)를 원한다. 탐욕 때문에 산업이 발전하고 경제가 성장하는 이득은 있지만, 아이러니하게도 인간은 늘 피곤을 달고 산다.

지금보다 무언가를 더 가져야 하고, 발전해야 하고, 미래를 위해 쌓아놓아야 한다는 강박관념은 인간을 쉼 없이 일하도록 만든다. 우리는 현재에 만족하지 못하고, 미래를 준비한다. 그러면서 더 많은 것을 모아놓아야 한다는 인식을 어릴 때부터 배운다. 할 필요도 없는 걱정거리를 만들어놓는 것이 습관이 되었고, 이를 당연한 것처럼 여긴다.

나는 한국인들이 다른 나라 사람들에 비해 조금 더 욕심이 많다고 생각한다. 역사적으로 늘 불안정한 삶을 살아와서 그런 것인지 안정욕구가 큰 것 같다. 게다가 남들과 늘 비교하는 성향이 강하다. "이 정도면 충분하다"라며 행복해하다가도 주변 사람들이 잘되는 모습을 보면 어느새 불행하다고 생각한다. 여름휴가로 해운대에서 잘 놀고 왔다고 생각하다가도 동료가 하와이에 다녀왔다고 하면 갑자기 초라하다고 느끼는 것처럼 말이다.

점점 어려워지는 우리의 현실

한국인 특유의 성향 덕분에 우리나라는 엄청난 속도로 성장했고 잘살게 되었다. 이는 분명한 사실이다. 하지만 아이러니하게도 이 사실이 우리를 괴롭히고 있다. 이제는 여유를 가질 법한데 스스로를 가만두지 않는다. 마치 지금의 삶에 만족하거나 행복해하면, 이는 게으른 것이고 세상에 뒤처지는 어리석은 짓이라고 느끼는 것이다. 마치 나의 삶을 포기하는 것 같은 느낌이다. 점점 더 살기가 각박해지는 것 같다.

물질적으로 예전보다 훨씬 풍요로워졌지만, 인간이란 동물은 단순히 좋은 것을 먹고 편한 곳에 살게 되었다고 행복을 느끼지는 않는다. 나 역시 젊었을 때 미래에 대한 막연한 불안감 때문에 밤잠을 설치기도 했었다. 그래도 그때는 '앞으로 우리나라가 더 좋아질 것'이라는 확신이 있었다. 열심히 노력하면 일자리가 있었고, 열심히 일하면 승진도 하고, 결혼도 하고, 아이도 낳을 수 있는 때였다. 조금만 노력하면 삶의 단계를 밟아나갈 수 있다는 인식이 있었다.

하지만 지금은 어떠한가? 우리나라의 미래가 현재보다 경제적으로 더 좋아진다는 생각을 하기가 어렵다. 이는 그저 단순한 생각이 아니다. 객관적인 수치로도 알 수 있는 사실이다. 그래서 더 안타까운 마음이 든다. 올해는 작년보다 일자리가 더 사라졌고, 경기도 더 나빠졌다. 아마도 내년에는 올해보다 일자리가 더 없어질 것이고, 경기는 더 나빠질 것이다. 게다가 집값은 오르고 실질적인 소득은 줄어들 것이다.

두려움과 불안의 시대에서 어떻게 대처하는지에 따라 미래가 달라진다고 믿는다.

설상가상으로 전 세계적으로 코로나19 때문에 그나마 남아 있던 희망의 씨앗마저도 사라졌다. 수많은 사람들이 일자리를 잃었고 순식간에 경제가 붕괴되었다. 그나마 이러한 사실이 우리나라만의 일이 아니라 다른 나라들도 마찬가지라는 사실에 아주 조금이나마 위안 삼을 뿐이다.

결혼은 더 어려워질 것이고, 아이 역시 낳지 않을 것이다. 아이를 낳아서 올바르게 키울 자신감이 사라져서 그렇다. 나 자신도 미래가 불안하고 두려운데, 자녀가 앞으로 잘되리라는 생각을 어떻게 하겠는가? 그럴수록 자녀에게 더 좋은 학벌과 스펙을 만들어주고 싶지만, 열심히 돈을 벌어 뒷바라지를 해도 성공하리라는 보장이 없다.

아이들에게 돈을 쏟아부으며 스트레스를 받는 부모들을 볼 때면, 자식도 결국에는 부모처럼 불안해질 수밖에 없다는 생각이 든다. 나이 든 어르신들은 종종 이렇게 말한다. "사람은 자기가 먹을 건 다 가지고 태어난다. 그러니 걱정하지 말고 아이를 많이 낳는 것이 다복한 것이다"라고 말이다. 그런데 이건 배곯지 않고 밥만 먹어도 행복하던 때의 이야기다. 지금은 현실과 동떨어진 생각이다.

취업의 문이 좁아져서 구직자들의 두려움이 무척 크다. 그런데 취직이 되었다고 한들 그 두려움과 불안이 전부 사라지는 것은 아니다. 지금의 기업들은 이전에는 경험해보지 못한 '저성장 시대'에서 살아남으려고 애쓴다. 최근 2~3년간 매출과 이익이 모두 신장된 기업이 과연 몇 개나 될까? 경기는 지속적으로 불황이고, 기업 간의 경쟁은 과열되고 있다. 그래서 매출을 신장시킬 방법이 없다. 그런데 인건비, 재료비 등은 계속 오르니 이익을 올릴 방법이 없다.

그 답을 찾기 위한 여정을 떠나자

치열한 경쟁에서 살아남은 젊은이들은 희망을 품고 입성한 회사에서 '회사가 위기'라는 말을 귀에 못이 박히도록 듣는다. 상사들은 과거의 좋았던 시절만 이야기하면서 불평을 쏟아낸다. 한 번도 좋았던 적을 경험해보지 못한 신입사원들의 입장에서는 참으로 황당할 것이다. 회사에 입사하자마자 부정적인 감정만 쌓여갈 뿐이다.

그들은 회사의 사정이 점점 어려워질 것이고 앞으로 나아질 것이라고 생각하지 못한다. 그래서 취직과 동시에 퇴사를 준비하기도 한다. 대형 서점에 한번 가보면, 퇴사를 준비하는 내용의 책들이 판매대에 즐비하다. 직원들이 퇴사 관련 책을 열독하며 퇴사 준비를 하고 있다면, 사장 입장에서는 기운 빠질 것이다. 그런데 이것이 엄연한 현실이다. 그만큼 사람들의 현재 상황이 어렵다는 뜻이기도 하다.

나는 두려움과 불안의 시대에서 어떻게 대처하는지에 따라 미래가 달라진다고 믿는다. 누구나 이 상황이 어렵고 힘들 것이다. 불안하고 두렵고 피하고 싶은 것은 당연하다.

정말로 이런 현실에서 자유로워지려면 탐욕을 버리고 초월해야 한다. 하지만 어려운 이야기다. TV에 나오는 산속에 사는 '자연인'처럼 살지 않는 이상, 웬만한 사람은 주변 사람들과의 '비교'에서 자유로워지기가 어렵다. 하루하루를 소중히 여기고 작은 것에 만족하라고 하지만, 한없이 자유롭게 사는 젊은이들의 성공 이야기를 보면 멀게만 느껴진다. 결혼을 포기하거나 출산을 포기하지 않으면 얻을 수 없는 이야기들이기 때문이다.

안타깝게도 많은 사람들이 "지금의 모습이, 우리의 현실이 싫다"라고 하면서 아무것도 하지 않는다. 이 현실을 벗어나 나아지려면 지금까지 해온 것은 버리고 무엇인가를 새롭게 고민해야 한다는 것을 받아들이지 않는다. 그냥 싫을 뿐이다. 불안하고 두렵지만 그것이 나의 책임이고 내가 풀어가야 할 숙제라는 것을 좀처럼 인정하지 않는다. 그저 하루하루를 불평만 하면서 보낸다.

그나마 자기계발서에 관심을 갖고 읽어보는 사람들은 조금 낫다. 고민을 하고 새로운 생각이라도 해보고자 하는 사람들이기 때문이다. 다만 이런 책도 관심을 갖지 않는 사람들이 많다는 데 문제가 있다.

그저 '싫다, 피하고 싶다, 떠나고 싶다, 불안하다, 두렵다, 무엇을 해야 하는지 모르겠다, 왜 내가 고민해야 하는지 모르겠다'라는 생각만 할 뿐이다. 이 모든 일이 무능한 정치인의 탓이고, 우리 회사 경영진의 탓이라고 여긴다. 불합리적인 사회구조의 탓이고, 어쩔 수 없는 불경기의 탓이다. 모든 것을 남의 탓으로 돌린다. 누군가가 나를 위해 고민해서 해결해주고 답을 찾아주어야 한다고 여긴다.

어떻게 하면 미래를 위해 생각을 바꾸며 새로운 마음으로 한 걸음 내딛을 것인지를 고민해야 한다. 물론 쉽지 않다. 쉽지 않은 과정임에도 그 답을 찾기 위한 여정을 이제부터라도 시작해보자.

지금의 두려움을
용기로 바꿀 수 있다면?

두려움이라는 에너지를 용기로 바꾼 이순신 장군의 리더십은 지금의 우리가
배워야 하는 불변의 진리다.

1592년부터 1598년까지, 7년간 벌어진 임진왜란은 우리나라 역
사상 가장 치욕적이고 두려운 사건이었다. 그런데 이 두려움의
시대에 우리에게 희망을 보여준 리더가 있었다. 이때 나타난 영
웅, 이순신 장군이 그렇다.

　당시에 왕은 백성을 버리고 자기만 살겠다고 북쪽으로 줄행랑
을 쳤고, 양반과 관리들은 명나라 뒤에 숨어 백성들을 괴롭혔다.
반면에 이순신 장군은 공포에 떨고 있는 백성들을 다독이고, 병
사들을 이끌어 왜군들을 격파해 더 큰 피해를 막았다. 이순신 장
군이야말로 우리나라 역사상 가장 위대한 영웅이라고 평가할 만
하다.

영화 〈명량〉에서 이순신 장군이 명량해전을 앞두고 했던 말이 생각난다. "만약에 우리의 두려움을 용기로 바꿀 수만 있다면, 우리는 열 배, 백 배의 힘으로 거듭날 것이다." 고작 12척의 거북선으로 수백 척에 달하는 왜군의 함대에 맞선다는 것은 무모한 일이었다. 이순신 장군을 제외한 모든 장수들과 부장들은 전투를 반대했고, 훗날을 도모하며 도망가야 한다고 주장했다. 하지만 이순신 장군은 용기 있게 전장에 나섰다.

영화를 보면 이순신 장군이 탄 거북선과 몇 척의 배만 전투의 선봉에 섰다는 것을 알 수 있다. 나머지 배들은 이순신 장군의 명령을 무시한 채 멀리 떨어져서 바라볼 뿐이었다.

거북선이 초반에 박살나면 슬그머니 도망을 가야겠다고, 혹시 잘 버텨서 승산이 보이면 그때 전투에 참여하겠다는 생각이었다. 그럼에도 이순신 장군은 싫은 소리 한마디 하지 않고 혼자서 모든 짐을 졌다.

그런데 이순신 장군이 탄 배에 있던 병사들은 무슨 죄란 말인가? 아무도 도와주지 않는 외로운 배에서 얼마나 많은 탄식을 했겠는가? 어쩌다 재수 없게 장군 배에 타서 도망가지도 못하고 꼼짝없이 죽게 되었다며 울부짖지 않았을까? 그중에서도 약삭빠른 이들은 슬그머니 바다로 뛰어들어 도망갔을 것이고, 바다로 뛰어들 용기가 없는 이들은 이순신 장군을 원망했을 것이다.

멀리서 수백 척의 배들이 점점 가까워지면서 적군의 북소리가 커질수록 심장은 터질듯이 뛰었을 것이고, 죽음의 공포는 상상을 뛰어넘었을 것이다. 그럼에도 이순신 장군은 "너희가 느끼는 그 '두려움'이라는 에너지를 '용기'라는 에너지로 바꿀 수만 있다면, 우리는 반드시 이길 것이다"라는 명언을 남겼다.

두려움과 불안의 시대를 사는 법

'두려움'은 심장 박동수를 올리는 에너지다. 무엇인가를 해보겠다는 '용기'도 우리의 심장을 뛰게 만드는 에너지다. 둘 모두 엄청나게 큰 에너지를 가지고 있다. 다만 한 끗 차이로 달라진다. 어떻게 달라질까?

우리의 관점을 어디에 두느냐에 따라 우리를 패배와 부끄러움의 길로 이끄는 두려움의 에너지일 수도 있고, 이순신 장군처럼 에너지를 용기로 바꾸어 사력을 다했을 때 역사에 길이 남을 승리와 영광으로 이끄는 에너지가 될 수도 있다.

이순신 장군의 배에서 죽음을 각오하고, 용기로 에너지를 바꾼 병사들은 왜군에게 승리를 거둔다. 먼발치에서 두려움에 떨며 바라보던 배들도 승기가 잡히는 것을 보고는 슬그머니 전투에 참

모두가 어렵다고 포기하고 뒤로 물러나는 것은 아니다. 두려움을 기회로 바꾸어 도전하는 기업들은 반드시 있다.

여해 왜군의 잔당들을 추격했다. 본인들도 참으로 부끄러운 승리를 거두었겠지만, 훗날 자신들의 공이라고 주장하지 않았을까 싶다. 이순신 장군이라는 위대한 리더가 오합지졸의 병사들의 두려움을 용기로 바꾸었던 위대한 스토리다.

　앞으로의 미래는 지금까지 없었던 두려움과 불안의 시대가 펼쳐질 것이다. 유통업, 금융업, 통신업은 이미 사양산업으로 접어들었고, 제조업은 더욱 심각한 상황이다. 최저임금 관련 이슈뿐만 아니라 글로벌 무역전쟁 등으로 인해 점차 경쟁력을 잃어가고 있기 때문이다. 여러 가지 이슈를 잘 해결해가며 살아남는다 하더라도 제조업의 일자리는 줄어들 것이 분명하다. 로봇이나 자동화로 인해 일자리가 줄어들 것이기 때문이다.

서비스업이나 자영업의 미래도 밝지 않다. 대도시 번화가에도 비어 있는 상가가 많고, 폐업하는 가게들이 늘고 있다. 다시 경기가 좋아진다고 해도 비어 있는 가게를 다시 채우는 것은 불가능한 일이라 생각한다.

우리나라 인구는 줄어들기 시작했고, 사람들의 소득은 늘지 않는다. 정부가 최저임금을 올리고 세금을 풀어서 인위적으로 경기를 부흥시키고자 애를 쓰는데도, '경제'라는 존재는 그들의 마음처럼 움직여주지 않는다. 그 안에는 '나는 조금도 손해를 보지 않겠다'는 인간들의 탐욕이 꼬이고 꼬여 있기 때문이다. 한마디로 사면초가의 상황이다.

이순신 장군의 마음이 이런 것이었을까? 수백 척의 왜군을 눈앞에 두고 주변을 돌아보니 공포와 두려움에 떨고 있는 불쌍한 병사들만 보였을 때, 그때의 마음이 이러지 않았을까. 그나마도 먼발치에서 전투에 목숨 걸고 동참하지 않겠다고 버티는 장군들과 도망치는 병사들을 볼 때 어떤 마음이었을까?

우리의 이런 암울한 현실 속에서 지금의 상황이 너무나 싫고 잘나가던 옛날이 그립지만 절대로 나서서 움직이지는 않고, 뒤에서 지켜만 보겠다는 사람들이 넘쳐나는 시대에서 어떻게 이 난국을 버텨내야 할지 참으로 난감하다. 그럼에도 불구하고 어려운 상황에서도 성공하는 사람들, 성장하는 기업은 반드시 존재한다.

모두가 어렵다고 포기하고 뒤로 물러나는 것은 아니다. 힘든 상황에서도 자신이 가진 것에 집중하고 끊임없이 변화시키고 새로운 전략과 무기를 찾아내는 기업들은 있다. 두려움을 기회로 바꾸어 도전하는 기업들은 반드시 있다. 그리고 이순신 장군과 같은 훌륭한 리더도 존재한다.

어떻게 하면 두려움을 용기로 바꿀 수 있을까? 그 방법은 무엇이고, 어떻게 사람들의 마음을 움직이게 할 수 있을까? 나는 답을 딱 하나의 단어에서 찾는다. 그것은 바로 '절실함'이다.

나부터 절실하게 시작한다면, 그것으로 충분하다

사람들은 진짜 절실한 마음이 생기면, '생각-행동-태도-인생'이 바뀐다고 믿는다. 대부분의 사람들이 "나는 정말 절실해"라고 말하지만, 진정으로 그렇게 느끼는 사람들은 많지 않다.

아마도 명량해전에서 이겨야 한다는 이순신 장군의 절실함이 왜군의 적장보다 백배는 더 컸을 것이다. 어떻게든 불쌍한 백성들을 적으로부터 구해내야 한다는 절박함이 왜장과는 비교되지 않았을 것이다. 죽을 힘을 다해서 '사랑하는 가족들을 살려야 한다'는 조선 병사들의 간절함은 전투에서 이겨 출세해보겠다는 왜군 병사들보다 천배는 더했을 것이다.

어떻게든 어려움에 처한 회사를 살려내서 직원들을 지켜내겠다는 사장의 절실함과 몇 년만 잘 버티면 된다는 임원들의 절실함은 다르다. 팀장의 명예와 자존심을 걸고, 팀원들에게 부끄러운 모습을 보이지 않고 회사에 기여하는 팀으로 만들겠다는 팀장의 눈빛과 적당히 일하면서 여차하면 다른 회사로 이직하겠다는 팀장의 눈빛은 다르다. 투자자들에게 실망시키지 않겠다고 목숨을 걸고 매달리는 사업가의 절실함과 투자금으로 버틸 만큼 버티다가 다시 뭔가 새로운 것으로 갈아타겠다는 사업가들의 절실함은 다르다.

과연 나는 절실한가? 우리 회사를 살리고 지금의 어려움을 이겨내겠다는 그 절실함이 두려움에서 용기로 바뀌는 그 에너지를 함께하는 사람들과 충분히 나눌 정도로 절실한가? 나의 명예를 걸고 사랑하는 가족들에게 부끄럽지 않은 가장인가? 그리고 가장의 역할을 끝까지 잘해내겠다는 절실함이 깊이 새겨져 있는가? 비록 원하는 직장에 취직이 되지는 않았지만, 포기하지 않고 언젠가는 멋진 사회인이 되겠다는 그 각오와 절실함이 내 심장에서 뛰고 있는가?

　매일 아침 눈을 뜰 때면 나에게 물어야 하는 질문이다. 누구를 탓할 필요가 없다. 나부터 시작이다. 남들이 나만큼 절실하든 그렇지 않든, 누가 뭐라고 하더라도 스스로 부끄럽지 않도록 절실하게 시작만 한다면 그것으로 충분하다.

절실함이란
무엇인가

절실해 보이지 않는데 큰 성공을 거둔 사람이 있는가? 그는 자신만의 성공 비결을 당신에게 철저하게 숨기고 있을 뿐이다.

'절실하다'를 국어사전에서 찾아보면 '느낌이나 생각이 뼈저리게 강렬한 상태'라고 정의한다. 무엇인가에 강렬한 에너지를 뿜고 있다는 뜻인데, 보통의 사람들이 인생을 살면서 뼈저릴 정도로 강렬하게 무엇인가를 바라본 적이 많을까?

고등학교 때 뼈저릴 정도로 좋은 대학에 가고 싶어서 열심히 공부한 적이 있을까? 젊은 시절에 이성에게 실연을 당한 뒤 다시 만나고 싶어서 뼈저릴 정도로 아파본 적이 있을까? 직장에서 승진을 강렬하게 원해서 밤낮으로 열심히 일해본 적이 있을까?

나 역시 크고 작은 소망을 이루고자 간절한 마음으로 열심히 몰두하고 밤마다 기도해본 적은 있다. 다만 뼈가 저릴 정도로 절

어떻게든 버티고 내가 꿈꾸던 것을 이루어내겠다는 절실함의 차이가 기업의 성공을 결정짓는다.

실했느냐고 물어본다면 선뜻 "그렇다"라고 답할 수 있을지는 모르겠다. '뼈져리다'라는 의미가 아직은 나에게도 낯설다. 대부분의 사람들도 그렇고, 기업들도 마찬가지가 아닐까 싶다.

여러 기업 중에서 가장 절실한 회사를 꼽자면 아마도 갓 창업한 스타트업 기업일 것이다. 아이디어 하나로 창업을 하고 회사의 존폐를 놓고 매일매일 싸워가는 스타트업 기업들이야말로 목숨을 걸 만큼 뼈저리게 강렬한 에너지가 필요하다. 반드시 살아남겠다는 각오가 없으면 기업이 지속될 수가 없다.

창업 초기부터 수익을 내면서 지속적으로 성장하는 스타트업은 별로 없다. 예상치 못한 암초를 만나기 마련이다. 난데없이 비슷한 아이디어를 가진 대기업이 사업에 뛰어든다든지, 제휴하기로 했던 회사가 등을 돌린다든지, 투자하기로 했던 회사가 약속을 어긴다든지, 목숨 걸고 함께하기로 했던 직원이나 파트너가 나가버린다든지, 그 이유는 다양하다.

뼈저리게 강렬하게 바라는 그 무엇이 차이를 부른다

성공한 스타트업 창업자들의 이야기를 들어보면, 창업 후 3년차가 생존의 분수령이라고 한다. 창업한 지 1년 정도가 되면 자기 사업을 시작했다는 흥분과 기쁨 때문에 밤새는 줄도 모른다. 피곤함도 느끼지 않고, 꿈꾸던 서비스나 상품을 개발하는 데 즐거움을 느낀다.

주변의 투자자나 파트너들도 "아이디어가 좋으니 함께하겠다"라는 약속을 하고 투자도 하겠다고 호의적으로 나온다. 하지만 1년 정도가 지나고 서비스나 상품이 나오면 반응들이 엇갈린다. 생각만큼 멋지지 않거나 초기 고객들의 반응이 신통치 않으면, 그동안 쉼 없이 같이 달려오던 직원들은 지치고 흔들린다.

이제 상품이 나왔으니 강력한 마케팅이나 광고를 통해 사업을 본궤도에 올려야 하는데, 그때부터 수익은 안 생기고 비용은 커지기 시작한다. 투자를 약속했던 투자자는 차일피일 미룬다. 그런데 이 기간을 버티고 또 버텨내야 한다. 어떻게든 투자자들을 설득하고, 지혜를 짜내서 매출을 올려야 한다. 고정 고객도 확보해야 한다. 그 결과 서비스나 제품이 널리 알려져서 성과를 이루면 투자자들도 마음을 돌린다. 그래서 투자를 받아 어느 정도 자금이 확보되면서 2년차의 고비를 넘긴다.

하지만 늘 초기의 A레벨의 투자는 큰 금액이 아니고 죽지 않을 정도의 투자다. 투자자로서는 또 다른 테스트를 해보는 것이다. 그래도 투자가 들어왔다는 것은 어느 정도 인정을 받았다는 것이고, 사업도 어느 정도 안정을 찾기 시작했다는 뜻이다.

그러다가 사업 3년차가 되면 엄청난 시련이 닥친다. 차별화된 서비스나 상품이 알려지면서 전혀 상관없던 경쟁자들이 우후죽순으로 나타나는 것이다. 그나마 비슷한 규모의 경쟁자들이 나타나면 다행이지만, 대기업이 뛰어들면 대책이 없을 정도가 된다.

이쯤 되면 직원들이나 파트너사는 흔들리고 발길을 돌린다. 창업자는 다시 외로운 고민에 빠진다. 그동안 밤새워 일했던 세월이 정말 주마등처럼 흘러간다. 사업을 접어야 할지, 덩치가 큰 경쟁사나 대기업에 헐값에라도 넘겨야 할지 고민한다. 많은 회사들이 이 시기에 사라진다.

하지만 이때 회사를 살려내겠다는 절실함으로 창업자가 마음을 다잡아야 한다. 흔들리는 직원들을 다독이고 일으켜 세워야 한다. 이 시기에 결국 '문 닫는 회사'와 '살아남아서 승승장구하는 회사'로 갈리는 것이다.

어떻게든 버티고 내가 꿈꾸던 것을 이루어내겠다는 절실함의 차이가 기업의 성공을 결정짓는다. "3년을 버티면 살아남는다"는 이야기를 들으니 옛날이야기가 생각난다. "벙어리 1년, 귀머거리 1년, 장님 1년으로, 모진 시집살이를 3년을 버텨내면 그제야 그 집안의 며느리로 인정받고 곳간 열쇠도 받을 수 있다"는 말도 안 되는 이야기 말이다.

절실함이 기업의 성패를 좌우한다

스타트업이 아닌 큰 기업의 경우, 절실함에 있어 중요한 것은 무엇일까? 물론 규모가 큰 기업은 당장 회사의 존폐를 걱정할 정도는 아닐 것이다. 다만 경제 구조의 패러다임이 바뀌는 현시대에서 마음을 놓아서는 안 된다.

창업자이건 직원이건 '살아남자'는 하나의 절실함으로 뭉칠 수밖에 없는 스타트업 벤처기업과는 달리, 이런 기업들은 사장의 절실함과 직원들의 절실함이 본질적으로 다르다.

사장의 절실함은 '회사를 오랫동안 지속시키고, 계속 성장시켜서 도태되지 않아야 한다'는 절실함이다. 다만 직원들의 절실함은 '회사에서 인정받고 승진하고 월급도 올라서 오래 다니고 싶다'는 절실함이다. 이 두 절실함을 훌륭한 리더십을 바탕으로 한 방향으로 몰아가는 기업은 더욱 성장할 것이고, 사장과 직원들의 절실함이 따로 노는 기업은 도태되고 말 것이다.

경영의 핵심은 뛰어난 전략도, 엄청난 사업 아이디어도 아니다. 나는 이 2가지의 절실함을 어떻게 합쳐서 폭발시키는 에너지로 만들 것인지에 달려 있다고 생각한다.

회사의 사장이나 경영진들이 우리 회사를 어떤 회사로 발전시킬 것인지, 또 미래에 어떤 사업을 하고 싶은지를 명확하게 정의하고 있을까? 직원들과는 어떤 비전으로 같이 공감을 하고 고객들에게는 어떤 회사라고 소개할지, 이에 대한 전략은 있을까? 당장의 현안을 해결하고 경쟁사와 싸워야 하는 과제를 안고는 있지만, 회사의 성장의 문제는 어떻게 해결할 것인가?

회사의 오너나 사장들 중에서 지금 이 시점에 무엇을 해야 하는지, 잘 정리가 되어 있는 사람들이 많지 않다. 어떻게든 빨리 사업 외형을 키우고, 또 다양한 사업구조를 만들어서 미래를 대비해야 한다고 말만 할 뿐이다. 그저 잘되고만 싶을 뿐이다.

평소에 오너의 취향에 따라, 사장의 주변 환경에 따라, 이런저런 사업을 벌이고 확장을 하지만 결국은 본래 하던 사업마저도 흔들리게 하는 경우들을 흔히 보았다.

비즈니스의 세계에서 '승자의 저주'라는 용어가 통용되고 있다. 능력도 되지 않는 기업이 오너나 경영진의 잘못된 판단 때문에 무리해서 사업을 키웠다가 오히려 감당도 못하고 본래 기업까지 위기를 맞이하고 급기야 망하는 경우들이다.

큰 기업이든 작은 기업이든, 리더의 절실함이 기업의 생존을 좌우한다. 다만 제대로 된 절실함은 성공을, 대책 없는 잘못된 절실함은 실패를 일으킨다. 기업이 아닌 개인도 마찬가지다. 어쨌든 절실함 없이 그저 하루하루를 살아간다면 성공의 기회도 실패의 기회도 없다. 풍선에 바람이 조금씩 빠지듯이 사라져갈 뿐이다. 자신은 잘되고 싶은데, 출세하고 싶고 돈도 많이 벌고 싶으면서도 이를 이루려면 무엇을 해야 하는지 고민도 하지 않는다. 아무런 시도도 하지 않으니 변화도 없다.

직장인에게 절실함이 없다면 본인의 경쟁력은 도태될 것이다. 그리고 내 능력이 아니라 타인에 의해 자신의 앞날이 결정될 것이다. 직장상사나 동료의 눈치를 보며 비굴해질 것이고, 마음의 여유가 없어서 조급해지다 보니 시야도 좁아질 것이다.

서서히 자신의 한계 상황에 이르면 남 탓을 하고, 주변에 자신과는 다르게 열정을 가지고 무엇인가를 시도하는 동료를 보면 시기하게 된다. 회사의 사장이나 리더가 회사의 어려움을 토로하고 새로운 비전과 도전에 대해서 이야기를 하면 비웃거나 자기와는 상관없는 일이라고 무시한다. 앞에서는 아무 소리도 하지 않다가 뒤에 가서는 험담을 한다.

나는 과연 이런 사람이 아닐까? 정도의 차이는 있겠지만, 절실하게 우리 회사를 살려내고 키워보겠다는 의지가 있는가? 부족한 우리 회사에서라도 절실하게 내 능력을 키우고 성공해보겠다는 목표가 있는가? 설사 이 회사에서 끝까지 승부를 볼 생각이 없다 하더라도, 몸담고 있는 동안만이라도 열정적으로 업무에 임하고 있는가?

절실함이 개인의 성공을 부른다

직장생활을 하면서 나이 혹은 직급에 따라 가져야 할 절실함은 달라진다. 20대 후반이나 30대 초반에는 "어떻게든 일을 많이 배우겠다"라는 절실함을 가져야 한다. 그리고 나의 실력과 역량을 키우겠다는 간절함이 있어야 한다.

신입 초기에 상대적으로 편안한 부서에서 편안한 상사를 만나 편안한 신입 시절을 보냈다면, 이것이 마냥 좋은 것만은 아니다. 이는 직장생활에 있어서 축복이 아니고 저주다. '커리어'라는 마라톤에서 절대로 이길 수 없기 때문이다.

세상은 어느 누구에게도 호락호락하지 않다. 좋은 보직으로 편하게 지내다가 50대에 임원이 되는 커리어는 극단적으로 보면 회사 오너의 자식들 외에는 힘든 일이다. 그럼에도 많은 사람들은 이러한 편하고도 성공적인 커리어를 꿈꾼다.

그런데 현실은 어떤가? 젊을 때 남들보다 조금이라도 더 일한다고 느끼면 불만을 품고 퇴사를 생각한다. 자신의 실력과 업무 역량은 주어진 일들을 효율적으로 해나가는 경험에서 비롯된다. 그리고 크고 작은 성취가 쌓여가면서 생기는 것이다. 회사 일은 적당히 하고 퇴근 후에 다니는 영어학원을 통해 키울 수 있는 것이 절대 아니다.

신입사원 시절을 지나서 40대 초반까지의 시간은 조직의 힘과 역량을 통해 성공의 경험을 쌓고 실력을 키워가는 과정이다. 자신의 커리어에 승부를 걸기에는 아직 경험이 부족하고, 꼭 그래야 한다는 위기감이나 절실함이 적다. 회사가 문을 닫지 않는 한, 임원이나 팀장이 되기 전인 40대 초반까지의 직원들은 고용노동법이 지켜준다.

물론 동료들이 먼저 승진하면서 차이가 나기 시작하면 뒤처지는 느낌이 들 것이다. 그런데 이 또한 절대적인 것은 아니다. 시간이 흘러 상황이 변하고, 절실함으로 자기 업무에 집중한다면 얼마든지 극복할 수 있다. 반전의 기회는 반드시 주어진다.

그런데 자신의 역량에 집중하지 못하거나 노력하지 않고, 주변의 눈치만 살피고 뒤처질지 모른다는 두려움 때문에 일에 집중하지 못하면, 기회는 경쟁자들에게 빼앗기고 말 것이다.

40대 후반 혹은 50대의 직장인은 어떨까? 이들은 게임이 거의 끝나 있다고 보면 된다. 이미 임원의 위치에 있다든지 조만간 은퇴를 준비해야 할 상황일 것이다. 그렇다고 절망하거나 약한 모습을 보여서는 안 된다.

누구나 마지막의 모습이 좋아야 한다. 후배들에게 민폐를 끼치면서 욕먹을 정도가 되면 은퇴 후에도 자신이 할 수 있는 새로운 도전의 기회는 없어진다. 대개는 성실하게 회사생활을 하면 자신의 경험과 역량, 그동안 쌓은 인맥 등을 통해 새로운 인생을 설계할 수 있다. 그동안 쌓은 성실함 덕분에 퇴직을 하고도 더 큰 성공을 거둔 사람들도 많다.

물론 반대의 경우도 있다. 앞으로 남은 인생에서 반전을 만들겠다는 절실함이 없다면, 길을 잃어버리고 말 것이다. 젊을 때부터 절실함을 바탕으로 일을 하고 역량과 생각, 그리고 인맥을 키운 사람은 마지막 집중을 해야 할 시기에 큰 힘을 발휘한다. 그런데 오랫동안 준비하지 못한 사람은 시대가 변하고 상황이 변한 지금, 무엇부터 해야 할지 몰라서 허둥대며 어리석은 푸념만 하기 마련이다.

이순신 장군만큼의 절실함은 아니더라도 3년이 지나고 5년이 지나 뒤돌아보았을 때, "그때 참 최선을 다했다"라고 스스로를 대견해할 만큼의 열정과 강렬한 에너지를 지금 쏟고 있는가? 과연 나는 절실함이 있는 사람인가? 아니면 절실함 없이 막연하게 성공만을 바라고 기웃거리고 있지는 않는가? 자신의 마음을 거울에 비추어 겸허하게 바라볼 시간이다.

세계를 호령하던 대제국과 한때 '제국'이라 불리던 기업들은 비슷한 이유로 성공했고, 또 비슷한 이유로 기울어졌다. 작은 나라가 전 세계를 점령하기까지, 그 제국의 국민들에게는 하나의 꿈을 이루겠다는 절실함이 있어서 가능한 일이었다. 그러나 정상의 자리에서 절실함을 잃어버리는 순간, 성공은 무너지고 역사에서 잊혀진다. 과연 나에게 내 삶을 일으켜 세우고 꿈을 이루겠다는 절실함이 있는가? 로마의 시저나 몽고의 칭기즈 칸 같은 영웅은 아니더라도 스스로에게 부끄럽지 않은 삶을 살아갈 준비가 되어 있는가?

2

절실함이 만들어낸

천년 제국의 역사

타고난 전쟁 비즈니스 기업,
로마 제국의 절실함

로마 제국을 이룩한 로마인들이 다른 민족보다 탁월하게 뛰어난 것은 아니다.
다만 절실함으로 꿈을 향해 달리게 만든 사업가 마인드가 있었다.

로마 제국은 "역사상 가장 위대한 제국"이라 평가받는다. 인류의
역사를 비추어볼 때, 영향력이 크고 현재의 서구 유럽문화의 뿌
리가 바로 로마 제국이기 때문이다.

로마 제국의 흥망성쇠를 다룬 『로마인 이야기』를 쓴 시오노 나
나미는 로마 사람들에 대해서 이렇게 이야기했다.

"로마인의 유전자는 지성에서는 그리스인보다 못하고, 체력에
서는 게르만족보다 못하며, 기술력에서는 에트루리아인보다 못
하고, 경제력에서는 카르타고인보다 뒤떨어진다."

어쩌면 지금의 이탈리아 사람들을 보면서 느껴지는 생각과도
같다. 한마디로 '애매한 유전자'라 생각한다. 하나하나 자세히 살

펴보면 그 어느 민족보다도 특별하게 뛰어난 점이 없어 보여서 하는 말이다. 하지만 그리스, 게르만, 에트루리아, 카르타고를 모두 정복하고 전 세계를 지배하며, 그것도 천년이나 제국을 유지했다는 사실은 정말로 경이롭다. 과연 그 옛날 어떤 일이 있었던 걸까?

나처럼 평범한 사람들의 삶을 되돌아보면 로마인처럼 애매하다. 손재주가 뛰어난 것도 아니고, 흔히 말하는 금수저 출신도 아니다. 언제나 나보다 머리 좋고 똑똑한 사람들은 많다.

이 사실만으로 살아간다고 보면 주눅이 들 수밖에 없다. 나는 치열한 경쟁사회에서 뒤처지지 않고, 무엇으로 성공할 수 있을까? 애매한 나의 유전자를 뛰어넘을 전략과 계획이 필요하다. 그런데 너무나도 막막하다. 주변을 보면 전부 나보다 잘난 사람들인 것 같아서다. 나는 자꾸만 초라해질 뿐이다.

절실함을 가진 젊은이들이 로마의 정복전쟁에 몸을 던지다

많은 역사학자들은 로마가 강력한 제국이 될 수 있었던 이유를 '로마인 특유의 개방성과 포용력'에서 찾는다. 다른 제국들은 이웃나라를 점령하면 그 나라 사람들을 노예로 부리거나 하층 계급으로 착취하려고만 했다.

그런데 로마 제국은 그들이 로마에 복종하면 로마 시민으로 받아들였고 차별하지 않았다. 로마 민족이 아닌데도 불구하고 그들이 노력하면 출세의 길을 열어주는, 그 개방성과 포용력이 로마 제국을 만든 셈이었다.

참으로 훌륭한 전략과 정책이 아닐 수 없다. 이방 민족들은 비록 전쟁에 지면서 로마에 굴복했지만, 화려하고 멋진 로마 제국의 위용과 문화를 보면서 로마 제국의 일원이 된 것을 자랑스럽게 여겼다. 게다가 로마 황제에게 충성을 맹세하고, 다른 이방 민족들을 정복하고 로마 제국의 영토로 확장하는 데 앞장을 섰다. 나는 여기에서 성공 요인을 하나 찾을 수 있었다. 그것은 바로 '절실함'이었다.

기원전 로마를 호령했던 줄리어스 시저가 위대한 벤처 사업가였다고 한다면 믿어지는가? 흔히 '시저'라고 하면 로마의 위대한 장군 혹은 로마 최초의 독재자로 떠올린다. 로마의 황제가 되고자 했으나 원로원 귀족들에게 칼을 맞고 암살당한 비운의 영웅쯤으로 알고 있다. 그런데 알고 보면 그는 비즈니스 마인드가 충천한 당대 최고의 사업가였다. 사업명은 다름 아닌 '정복전쟁 비즈니스'다.

그는 귀족과 부자들에게 투자를 받아서 그 돈으로 군인을 고용하고 무기를 개발했다. 그런 다음 군대를 조직해서 광활한 미지의 땅으로 진격해 그곳 민족들을 정복했다. 전쟁에서 승리하면 전리품과 노예를 이끌고 로마로 입성했는데, 이는 매우 단순하면서도 엄청난 수익을 담보하는 비즈니스였다. 정복전쟁 비즈니스가 바로 전 세계를 호령한 로마 제국의 비결이었다.

투자자들의 투자를 받아 지분을 나누는 '벤처 비즈니스'는 리스크가 크다. 다만 상장을 하거나 인수합병에 성공했을 때 투자자들에게 '대박'을 안겨준다. 물론 모든 정복전쟁이 성공하는 것은 아니다. 전쟁 승률이 높은 장군에게 거액을 주고, 몇천 명 또는 몇만 명의 군대를 산 다음에 북유럽이나 소아시아의 나라로 진격한다. 하지만 기골이 장대한 게르만족들에게 전멸을 당하거나 용맹한 아랍족들에게 고전을 하기도 했다. 어렵게 승전보를 올렸다 하더라도 마땅한 전리품도 없이 부상병만 이끌고 돌아온다면, 투자자들의 원성을 살 수밖에 없었다.

로마 지방의 별 볼 일 없는 귀족으로 태어난 줄리어스 시저는 군대에서 무공을 쌓으며 중앙 정치의 유능한 장군으로 자리 잡기 시작했다. 그의 용맹함과 귀족들을 설득하는 비즈니스 마인드는 시저를 정복전쟁 비즈니스의 일인자로 만들었다.

많은 귀족들이 그의 스폰서를 자처하며 막대한 자금을 투자했다. 결국 시저는 갈리아(오늘날 프랑스 일대) 정복의 길에 나섰고,

전 유럽은 물론 영국에도 로마 깃발을 꽂았다. 그 결과 로마의 가장 힘센 영웅으로 등극했다. 수많은 전리품과 노예를 이끌고 로마에 입성하는 그의 모습을 상상해보자. 그에게 투자했던 많은 귀족들은 너무나 좋아서 춤이라도 췄을 것이다.

당시 로마에는 성공과 출세의 야망을 가지고 정복전쟁 비즈니스에 뛰어든 장군과 장교들이 많았다. 나라에 충성하고 거대한 제국의 영광을 위해 목숨을 걸었다기보다는 비즈니스를 통해 부와 명성을 얻고자 하는, 똑똑하고 야심에 불타는 엘리트가 많았다.

그 장군들 중에는 원래 로마인이 아닌 사람들도 많았다. 이미 로마에 정복당하고 로마화된 식민지의 엘리트 중에 피지배 계층으로 주저앉아만 있는 것이 아니라, 열린 포용력으로 모든 가능성을 열어주는 고마운 로마 제국에서 반드시 성공해보겠다는 절실함을 가진 젊은이들이었다. 그들이 로마의 정복전쟁 비즈니스에 몸을 던진 것이다.

절실함, 두려움을 용기로 바꾸다

똑똑한 젊은이들이 실리콘밸리의 벤처 사업에 뛰어들어 반드시 살아남겠다는 절실함으로 최선을 다해 일하고 있다. 그들도 이들처럼 당시에 유일한 벤처 비즈니스였던 정복전쟁 비즈니스에 성공을 갈망하는 절실함을 가지고 뛰어든 것이다.

수많은 엘리트 장군들 중에 줄리어스 시저가 가장 성공한 이유는 무엇일까? 어쩌면 그가 뼈에 사무치는 절실함을 가지고 제일 위험한 전투에서 무공을 올렸기 때문에 이름을 떨친 것이 아닌가 싶다.

정복전쟁 비즈니스의 절실함은 비단 엘리트 장군이나 장교들만의 이야기는 아니다. 실제로 칼과 방패를 들고 용맹하게 진군한 병사들의 이야기도 뼈저리고 눈물겹다.

로마 제국 시기 초반에 정복지가 점차 늘어나고, 제국에 부가 쌓이기 시작했다. 그러면서 로마 귀족들은 원래 농장 주인이던 농민들을 내쫓고 땅을 차지했다. 그런 다음 노예들을 데려와 농사를 짓게 하고 수익을 모두 독차지했다. 농민들은 결국 비참한 모습으로 로마 같은 대도시로 쫓겨났다. 그들은 어쩔 수 없이 구걸을 하거나 도둑질을 하면서 생계를 유지했고, 노숙자 신세로 전락하기도 했다.

그들에게 줄리어스 시저 같은 정복전쟁의 장군이란 자기에게 일자리를 제공해주는 구세주와 같은 존재였다. 어차피 못 먹어서 굶어 죽을 바에는 머나먼 타지에서 군인으로 싸우다가 죽는 편이 나았다. 살아남으면 월급과 전리품까지 받을 수 있었기 때문이다. 이에 너도나도 군인으로 자원하면서 로마 군단은 더욱 강력해졌다.

그들은 갑작스레 징집된 오합지졸의 병사들과는 달랐다. 정복 전쟁 비즈니스를 위해 체계적으로 훈련을 받았고 전쟁 경험을 가진 자들이었다. 때문에 전투 기술면에서 막강했다. 긴 창과 커다란 방패로 무장한 로마의 군인들은 100명 단위로 편재되었고, 직사각형의 밀집 대형을 이루었다. 그러고는 마치 탱크가 진군하듯이 적들이 비집고 들어올 틈조차 주지 않았다.

어떤 적들이 있는지도 모르는 그 미지의 땅에서 목숨을 걸고 전투를 한다는 것은 아무리 먹고살기 위해 하는 일이라고 해도 정말 두려운 일이다. 게다가 로마군은 전쟁 비즈니스를 위해 진군하지만, 게르만족을 비롯한 적들은 자신들의 땅과 가족들을 지키기 위해 이미 목숨을 내놓고 모인 자들이기에 그 절실함에 있어서는 달랐을 것이다.

때로는 길도 모르는 곳을 헤매다가 숲속 사방에서 밀려드는 야만적인 적들에 의해 전멸을 당하는 일도 많았다. 그러나 비참한 도시의 빈민에서 벗어나 사랑하는 가족들을 부양하기 위해, 때로는 나도 게르만족 같은 야만족 취급을 당했지만 이제는 번듯한 로마 제국의 병사로서 기회가 주어진 것에 감사하고, 살아남아서 번듯하게 살아보겠다는 그 절실함 또한 결코 무시할 만

로마 제국의 영광은 성공에 대한 절실함으로 무장한 장군과 생존에 대한 절실함으로 뒤따르던 병사들의 것이다.

한 것은 아니었다.

줄리어스 시저와 같은 '성공을 향한 절실함'으로 무장한 훌륭한 장군들은 전투 전략과 전술에도 탁월함을 보였다. 게다가 병사들의 절실함을 잘 끄집어내고 격려하고 두려움을 달래 용기를 불어넣는 것에 능했다. 모두의 절실함을 조화롭게 뭉쳐서 폭발적인 에너지로 만드는 일에 달인들이었을 것이다.

로마시대를 배경으로 한 영화를 보면, 전쟁에 나선 로마의 병사들이 부대의 장군들을 아버지처럼 진심으로 따르는 것을 볼 수 있다. 그리고 장군들은 높은 곳에 서서 지시만 하거나 뒷짐지고 있지 않는다. 전투에서는 병사들과 같이 칼을 들고서 목숨을 걸고 싸우고, 병사가 다치면 자신의 몸을 던져 구해준다. 전투 후에는 같이 아파하고 기뻐하는, 진정한 리더였다.

전투 직전에 진영을 갖추면 늘 병사들 앞에 서서 연설을 한다. "사랑하는 나의 병사들이여, 집에서 기다리는 사랑하는 가족들을 생각하라. 우리에게 위대한 로마 제국의 군인이 되도록 허락하신 황제폐하를 기억하라." 그러고는 병사들의 두려움을 용기로 바꾸고 적진으로 뛰어들어 승리를 쟁취한다.

실제로 병사들은 자신이 로마 제국의 군인이라기보다는 자신을 고용해서 월급을 주고 가족이 먹고살 수 있도록 만들어준, 그리고 동고동락을 함께하는 장군의 군인이라고 생각했다. 그리고 황제보다는 장군에게 충성을 다했다.

너무나 강력해진 줄리어스 시저의 인기를 두려워한 로마의 원로원은 시저의 라이벌이던 폼페이우스와 결탁해 시저를 제거하고자 했다. 이때 그들과 숙명의 한판 승부를 펼치기 위해 로마로 진군한 시저가 루비콘 강을 건너며 "주사위는 던져졌다"라고 말했다. 시저의 뒤를 따르던 수많은 병사들은 그를 아버지처럼 생각해서 목숨이라도 바치겠다고 했고, 그러한 절실함으로 똘똘 뭉친 군대를 누구도 이길 수 없었다.

로마 제국의 영광은 절실함 덕분이다

로마 제국의 영광은 성공에 대한 절실함으로 무장한 훌륭한 장군들과 생존을 위한 절실함으로 뒤따르던 병사들이 이루어낸 결과다. 그들은 똘똘 뭉쳐서 폭발적인 에너지를 만들었고, 이 에너지를 정복전쟁이라는 비즈니스로 연결시킴으로써 이루어졌다. 하지만 이것도 기원후 100여 년까지였다.

이미 로마 제국이 정복할 수 있는 웬만한 땅은 다 정복한 후였다. 남아 있는 지역이라고는 유럽 북쪽 끝에 농사를 지을 수도 없는 동토이거나 아프리카나 아라비아의 사막이었다. 더이상 정복전쟁 비즈니스의 수익률을 담보할 수 있는 곳이 아니었다.

비즈니스의 동력이 떨어지기 시작하자 목숨 걸고 나서는 장군들도, 그들에게 투자하겠다는 귀족이나 부자들도 사라졌다. 병사로 고용되어 전쟁 비즈니스에 나섰던 사람들은 다시 도시의 빈민으로 전락했다. 비참해진 그들의 불만을 달래줄 유일한 방법은 콜로세움을 세워서 검투사들의 결투를 보여주거나 목욕탕에서 음란한 즐거움을 제공하는 것이었다. 하지만 제국의 영광은 사라지고 광기와 음란함으로 채워졌던 로마는 결국 게르만족에 의해 멸망하고 말았다.

다른 민족보다 뛰어날 것이 없던 '애매한' 유전자의 로마인들이 어느 민족보다도 먼저 열린 생각으로 정복전쟁을 비즈니스화하고, 로마인이든 이방인이든 누구든 성공하겠다는 절실함을 간직한 사람들에게는 무한한 기회를 열어주는 포용력을 우리는 기억해야 한다.

우리도 생각을 전환하고 절실함으로 무장한다면, 지금의 어려움을 극복하고 성공할 수 있다. 이것이 바로 강력한 절실함의 힘이다.

스페인 무적함대를 격파한
엘리자베스 여왕의 절실함

16세기 유럽의 패권을 스페인에서 영국으로 바꾼 엘리자베스 여왕은 위기 속에 살았다. 그럼에도 간절함을 간직한 그녀는 하늘이 준 기회를 놓치지 않았다.

1588년 7월, 유럽에서 대이변이 일어났다. 영국 해군이 스페인 무적함대를 처참하게 무너뜨린 일이었다. 프랑스, 독일, 이탈리아, 네덜란드 등 크고 작은 유럽 국가들의 왕실과 귀족들은 이 사실을 듣고도 믿지 못했을 것이다.

당시 유럽은 섬나라인 영국이 대국 스페인에게 덤볐다가 국가가 사라질 정도의 위기에 처했다는 소식이 퍼지던 상황이었다. 다른 유럽 국가들은 스페인 대군이 언제쯤 영국에 상륙해서 그들을 초토화시킬 것인지를 관전하고 있었다. 16세기 스페인은 다른 나라들이 범접하지 못할 정도의 부와 힘을 가진 대국이었고, 영국은 가난한 나라였다.

스페인은 1492년 이사벨 1세(카스티야의 여왕)의 투자를 받고 선단을 꾸려 아메리카 대륙을 발견한 콜럼버스 덕분에 남미 대륙을 거의 독식할 수 있었다. 그곳에서 수많은 보석, 향신료 등을 실어오면서 유럽의 부자 국가로 거듭났다.

프랑스, 독일, 이탈리아 등도 스페인으로 오는 금이나 향신료 등을 수입하며 살았다. 이들 국가의 왕실들은 신성로마제국의 황제 역할을 겸하면서 독실한 가톨릭 국가의 맹주 역할을 하는 스페인에 기대어, 로마 교황 등과 연결되어 권력을 유지하는 상태였다.

그런데 북쪽의 별 볼 일 없는 영국만이 스페인과 대립각을 세우며 호락호락하게 당하지 않았다. 남미에서 금은보화를 실은 보물선이 스페인과 아메리카 대륙 사이의 대서양을 건너다녔는데, 도적질에 재미를 붙인 영국 해적들이 대서양 중간에서 이를 습격해 약탈했던 것이다.

대서양 중간에 있던 영국 입장에서는 스페인에서 훔쳐온 금과 보물이 국가 재정에 쏠쏠한 도움이 되었을 것이다. 스페인은 국가 차원에서 영국 정부에 해적을 단속해달라고 요청했고, 당시 영국 정부도 해적 단속을 약속했다. 하지만 근절은커녕 해적들의 기세가 커졌다. 그러면서 스페인은 참을성을 잃었다.

모든 이의 예상을 깨는 결과, 스페인의 완패

참다못한 스페인은 영국 전체를 '해적'이라고 규정하고, 영국 점령을 위한 전쟁 준비에 돌입한다. 섬나라 점령을 위해 국가 재정을 쏟아부은 스페인은 130척에 이르는 함대를 만들기 위해 배를 짓기 시작했다. 지금으로 치면 10층 건물 높이의 배를 짓고 큰 창고까지 만든 셈이다. 배 옆면에 수십 개의 대포를 배치하고, 어마어마한 크기의 돛을 달아 속도를 높였다.

스페인 함대는 원래부터 배의 규모가 컸다. 그런데다가 영국을 점령하기 위해 수만 명의 군인들까지 태워야 하니 함선의 크기가 더 커질 수밖에 없었다. 스페인의 '무적함대'라는 말은 당시 유럽인들이 엄청난 규모와 위용의 스페인 함선들을 보고 나서 비롯된 것이다. 엄청난 규모의 함선을 무려 130척이나 만들어야 했으니, 영국에 선전포고를 하고도 전쟁 준비에만 꼬박 3년이라는 시간이 걸렸다.

3년이라는 시간 동안 영국에서는 그야말로 난리가 났다. 지금이라도 스페인에 항복하고 해적들을 소탕해 목을 바쳐야 한다는 주장이 커졌다. 귀족이나 부자들은 다른 나라로 피신했다. 이 상황에서 영국 엘리자베스 1세 여왕의 고민은 컸을 것이다. '어마어마한 스페인을 무슨 수로 당해낼지, 정말 항복을 해야 할지' 고민이 많았을 것이다.

영국이 내륙 국가였다면 스페인은 함선을 만들 필요도 없었기 때문에 영국은 순식간에 초토화되었을 것이다. 엘리자베스 여왕은 이 당시에 역사를 바꿀 중요한 결정을 한다. 그것은 바로 스페인 제국과 일전을 벌이기로 한 것이다. 스페인이 영국 정복을 위해 배를 만드는 동안 영국은 무엇을 할 수 있었을까? 스페인만큼 큰 함대를 만들 돈과 자원이 없었기에 해전에 투입할 수 있는 배를 총동원했다.

1588년 7월, 스페인은 영국을 향해 출정했다. 이 흥미로운 사건을 주목하지 않은 이는 없었다. 그런데 모든 이의 예상을 깨는 결과가 나왔다. 스페인의 완패였다. 130척의 거대한 요새를 옮겨 놓은 스페인 함대는 거의 침몰했고, 일부 함선만 네덜란드 해변으로 도망가서 겨우 살아남았다. 영국 전함들도 피해가 컸지만 스페인에 비하면 "새 발의 피" 수준이었다.

이후 스페인의 국가 위상은 곤두박질쳤다. 유럽의 맹주에서 변두리 국가로 전락하고 말았다. 반면에 영국은 새로운 시대의 강국으로 부상하면서 이후 200년간 '해가 지지 않는 제국'으로 그 위상을 떨치게 된다.

영국이 스페인을 이길 수 있었던 이유

나는 스페인에 대한 영국의 승리라기보다는 펠리페 2세라는 강력한 스페인 국왕에게 영국의 엘리자베스 1세 여왕이 승리한 것이라고 생각한다. 펠리페 2세와 엘리자베스 1세는 너무나도 다른 삶을 살아왔다. 둘 다 국왕이라는 자리에 있었지만 그 배경과 상황이 너무나 달랐다.

이미 엄청난 대국이었던 스페인의 왕좌에 오른 펠리페 2세는 큰 어려움 없이 대기업을 물려받은 재벌 2세였다면, 영국이라는 가난한 나라를 이어받은 엘리자베스 1세는 왕위에 오르는 과정도 결코 순탄하지 못했다. 몇 번의 죽을 고비와 위기를 겪고 중견 기업 수준의 나라를 물려받은 가난한 CEO인 셈이었다.

펠리페 2세는 신성로마제국의 황제였던 카를 5세와 포르투갈의 왕이었던 마누엘 1세의 딸에게서 태어난 아들이다. 당대 최고의 혈통을 자랑하는 가문의 아들인 셈이었다. 일찌감치 스페인과 신성로마제국 황제의 자리가 정해졌고, 어릴 때부터 큰 어려움 없이 자란 인물이었다.

그는 왕이 된 이후 막대한 부를 가졌고, 다른 유럽 국가에 내정 간섭을 했다. 또한 로마 가톨릭의 수호자로서 위상을 유지하고, 방대한 식민지를 관리하기도 했다.

엘리자베스 1세. 영국의 위대한 여왕은 살아
남기 위한 절박함으로부터 태어났다.

반면에 엘리자베스 1세의 이야기를 살펴보면 참으로 눈물겹다. 그녀는 헨리 8세와 앤 불린 사이에서 태어났다. 헨리 8세는 여자관계가 복잡했고 성격이 괴팍하기로 유명했다. 엘리자베스의 어머니였던 앤 불린을 포함해 여왕 2명을 처형하고 6번의 결혼을 했다.

헨리 7세의 둘째 아들로 태어난 그는 형 아서가 죽자 형수였던 스페인의 아라곤 공주 캐서린과 결혼해 딸을 낳았다. 그런데 앤 불린이라는 여자와 바람이 나서 그녀와 결혼하려고 했다. 그 당시 이혼을 허락하지 않던 로마 가톨릭과 결별하고, 영국 성공회라는 교회까지 만드는 번거로움을 거치면서까지 부인인 캐서린을 버리고 앤 불린과 결혼한다. 그러고는 캐서린을 반역죄로 몰아 처형한다. 하지만 앤 불린 사이에 엘리자베스를 낳고는 3년 만에 부인을 간통죄로 몰아서 처형한다. 그리고 제인 시모어와 결혼해 에드워드 6세를 낳았다.

지금까지의 이야기를 들어보면 어릴 때의 엘리자베스가 어떻게 살았을지 상상이 된다. 폭군이자 정상이 아닌 듯한 아버지는 밥 먹듯이 어머니들을 바꿨고, 딸인 엘리자베스를 홀대했다. 게다가 어머니는 억울하게 처형되었다. 그것도 사람들이 다 보는 앞에서 끔찍하게 참수되었다.

기댈 곳도 없던 엘리자베스에게는 하루하루가 지옥이었을 것이다. 특히 왕가의 핏줄이라는 것은 왕위를 두고 잠재적인 경쟁자들이었다. 때문에 혹시 있을지도 모를 왕위 경쟁의 싹을 자르기 위해 엘리자베스는 끊임없이 감시를 받았다. 한 번이라도 실수를 하면 억울하게 누명을 쓰고 처형될 수도 있는 상황이었다.

어린 그녀의 마음속에 얼마나 살아남고자 하는 절실함이 자라났을까? 주변의 사람들이 적인지 아군인지 모르기 때문에 언제나 눈치를 봐야 했고, 사람들의 의중과 본심을 읽어보는 훈련이 되었을 것이다. 그리고 자신의 본심은 숨긴 채 살아남기 위한 처세술은 늘었을 것이다.

그런데 운명은 참으로 재미있다. 헨리 8세가 죽은 후 이복형제인 에드워드 6세가 왕이 되었지만 바로 죽었고, 이복 언니인 메리 1세도 여왕이 된 지 얼마 되지 않아 죽었다. 이복형제들이 왕위에 있는 동안은 숨죽이고 살던 엘리자베스 1세였다. 생명의 위협을 받고 살아남기 위해서 말이다. 그런데 그녀는 25세라는 젊은 나이에 여왕의 자리에 오른다.

젊은 나이임에도 그동안 살아남기 위해 끊임없이 눈치를 보고 머리를 굴리면서 터득한 지혜, 고난을 이겨내던 인내심과 처세술, 그리고 타고난 긍정적인 마인드 덕분이었다. 이는 그녀를 영국의 위대한 여왕으로 만들어주기에 충분했다.

절실함이 승리를 거머쥐게 하다

재위 후 44년이라는 기간 동안, 그녀는 영국을 가난한 유럽의 변두리 국가에서 '해가 지지 않는 나라 대영제국'이라는 위상을 이룬다. 중용정책을 펼쳐서 여러 정치 세력들의 균형을 맞추었고, 가톨릭 세력과 신교 세력을 잘 다스렸다. 그리고 영국의 경제 발전을 위해 모직산업을 일으키고 발전시켰다. 게다가 농지를 잃은 빈민층을 구제하기 위한 구빈법도 제정하는 등 평민들의 삶을 변화시키는 여왕으로 변모했다.

엘리자베스 1세 여왕의 치적 중에서 가장 으뜸은 앞에서 언급한 스페인 펠리페 2세와의 한판 승부에서 대승을 거두었다는 점이다. 그 결과 영국은 스페인의 독주를 막을 수 있었고, 대서양에서의 해상권을 거머쥐면서 강력한 국가로 거듭났다.

금수저를 물고 태어나 처음부터 스페인의 국왕으로 자란 펠리페 2세가 이끄는 무적함대는 초라한 영국 해군과의 해전에서 이미 이긴 것으로 생각했다. 엄청나게 큰 배로 구성된 함대를 이끌고 멋지게 영국에 상륙해, 스페인 제국의 위상을 떨치고 싶던 펠리페 2세는 마음이 급해졌다. 그리고 전쟁을 마치 게임으로 생각한 듯 가장 중요한 본질을 놓쳤다.

태어날 때부터 절실한 생존 게임에 몰렸던 엘리자베스 여왕은 어떻게 살아남아야 하는지를 본능적으로 알았다. 해전에서 가장 중요한 것은 크고 화려한 함대와 수많은 병사들이 중요한 것이 아니라는 것을 말이다.

그래서 아예 해적인 드레이크를 제독으로 임명했다. 절실함으로 무장한 해적들이 바다에서 자신들보다 몇 배나 크고 정규 훈련을 받은 전함들을 박살내고 약탈에 성공하던 그 생존 비결을 이용하기 위해서였다.

영국 귀족사회의 반발은 불 보듯 뻔했다. 그러나 엘리자베스 여왕과 드레이크 제독은 해전에서의 중요한 본질은 크고 웅장한 함선의 숫자가 아니라, 빠르게 움직일 수 있는 범선과 멀리에서도 쏠 수 있는 대포라는 것을 알고 있었다.

영국의 앞바다처럼 물살이 빠르고 복잡한 해협에서는 방향을 빠르게 전환할 수 있고, 적함들의 사이를 빠른 속도로 비집고 다니면서 싸울 수 있는 배가 더 중요했다. 그리고 함선끼리 거리를 두고서 대치할 때는 많은 대포가 필요하지 않았다. 오히려 적보다 멀리 보낼 수 있는 몇 개의 대포가 더 유용했다.

영국은 스페인이 130척의 함선을 3년에 걸쳐 만드는 동안에 포신이 가늘고 길어서 포탄을 더 멀리 보낼 수 있는 대포를 연구하고 만들어냈다. 누구나 알 수 있는 상식 같지만, 당시 펠리페 2세는 당연한 사실조차 간과했다. 이와 달리 살아남기 위한 간절함이 강했던 엘리자베스 여왕은 이기기 위한 본질을 찾아냈고 이에 집중했다.

우리는 살다 보면 절대로 이길 수 없을 것 같은 강력한 상대와 맞닥뜨릴 때가 있다. 그렇다고 좌절할 필요는 없다. 다윗이 골리앗을 쓰러뜨린 것처럼, 기적의 이야기들이 많다.

비즈니스 세계에서도 작고 볼품없던 벤처기업들이 엄청난 자본과 자원으로 무장한 대기업들을 압도하고 이긴 사례들이 많다. 본질적인 기술과 혁신적인 마케팅을 통해서 말이다. 이기는 기업에는 엘리자베스 여왕처럼, 살아남기 위한 절실함과 본질을 꿰뚫어보는 지혜로 무장한 훌륭한 CEO가 있을 것이라 믿어 의심치 않는다.

위대한 몽골 제국을 만든
칭기즈 칸의 절실한 꿈

칭기즈 칸은 뿔뿔이 흩어져서 서로에게 칼을 겨누던 몽골 민족을 하나로 묶었다. 그는 절실함을 간직했던 영웅 중의 영웅이다.

인류 역사상 가장 큰 영토를 가졌던 제국은 어디일까? 바로 최단 기간에 세계를 정복하고 아시아부터 유럽까지 전 세계를 호령한 나라, 몽골 제국이다.

1200년대의 몽골은 100년도 채 안 되는 짧은 기간에 거대한 제국을 완성했다. 서쪽으로는 지금의 중앙아시아를 석권하고 러시아의 모스크바까지 점령했다. 남쪽으로는 중국 남부와 베트남 국경까지, 동쪽으로는 고려를 점령해 몽골 제국의 속국으로 만들었다.

나폴레옹과 히틀러도 해내지 못했던 모스크바를 점령해서 러시아의 왕까지 갈아치웠다는 사실은 놀라운 일이다. 그런데 그보다 더 놀라운 사실이 있다. 이 모든 영토를 점령하는 데 불과 70년이 걸렸다는 점이다.

당시 몽골 제국의 인구는 약 150만 명으로 추산된다. 그 가운데 여성과 아이, 노인들을 제외하면 실제 말을 타고 전쟁에 나설 수 있는 남성은 많아야 50만 명이었다. 그런데 150만 명 수준의 몽골족이 아시아, 아랍, 유럽에 이르는 약 2억 명을 정복하고 150년 가까이 지배했다. 실로 놀랍다.

칭기즈 칸의 절실함이 거대 제국을 만들다

최초의 몽골은 변방의 조그마한 부족국가였다. '국가'라고 표현하기도 어려울 정도로 소규모였다. 그럼에도 이들은 역사상 가장 넓고 광대한 제국을 이룰 수 있었다. 그 이유는 무엇일까?

우리의 머릿속에 남아 있는 몽골 제국의 '대칸'이라 불리던 황제들의 모습은 어떤가? 영화에서 보던 화려하고 웅대한 왕궁에서 신하들에게 둘러싸여 연회를 열고 사치하던 다른 제국의 왕들의 모습과는 많이 다르다. 대칸은 초라한 천막에서 장군들과 옹기종기 모여 앉아 다음 정복지를 정했고, 목표가 정해지면 바로 천막을 걷어내고는 말을 타고 내달렸다. 그러고는 목표했던 적들이 전쟁을 준비할 틈도 주지 않고 순식간에 해치웠다.

그리고 잠시 그 땅에 천막을 쳐서 말을 쉬게 하고, 다음 정복 계획을 세웠다. 그야말로 쉼 없이 새로운 정복지를 향해가면서 살았다. 왜 그렇게까지 고단한 삶을 살았는지 이해하기는 어렵다. 다만 한곳에 정착하지 않고 끝없이 움직이면서 천막을 치고 말을 타고 달리던 것이 바로 몽골 제국의 본질적인 모습이자 세계를 정복할 수 있었던 근본적인 비결이었을 것이다.

몽골 제국의 정복의 역사는 바로 1대 왕인 칭기즈 칸의 절실한 꿈에서 시작되었다. 테무진이라 불리던 칭기즈 칸이 어렸을 때의 몽골은 서로를 죽이고 복수하는, 부족 간의 무자비한 전쟁이 벌어지던 시대였다.

몽골족이 살던 땅은 농사도 제대로 지을 수 없는 척박한 땅이었다. 게다가 겨울에는 극심한 추위가 밀려오는 곳이었다. 아래로는 중국의 한족이 담을 쌓고 있어서 내려가지 못했고, 동쪽으로는 거란족과 여진족이 버티고 있었고, 서쪽으로는 쿠르드족이 있어서 사면이 막힌 고립된 장소였다.

고립된 불모지에서 사는 몽골족은 가뭄으로 가축이 죽거나 양식이 떨어지면 주저함이 없었다. 살아남기 위해 이웃 부족으로 쳐들어가 가축과 양식을 약탈하고 죽이기를 반복했다. 한번 공격을 받은 부족은 타격을 받지만, 살아남은 자들은 반드시 복수

"서로를 베던 피의 에너지를 끌고 몽골고원에서 벗어나 밖으로 나가자!" 칭기즈 칸은 동족을 죽이는 일을 절실하게 멈추고 싶었다.

를 하고야 말겠다는 의지를 하늘에 맹세했다. 이 맹세를 지키는 일이 몽골의 사내로 태어난 자라면 목숨보다도 중요하게 여겨야 하는 일이었다.

몽골고원에서는 메르키트, 케레이트, 나이만, 타타르, 몽골까지 5개의 큰 부족이 있었다. 그들은 서로 침략하고 사는 것이 당연한 일이었다. 그리고 몽골족은 자신들의 이해관계에 따라 서로 손을 잡기도 했고, 상황에 따라 배신을 하기도 했다. 그래서 가족 외에는 믿을 수 없는 상황이었다.

이러한 와중에 칭기즈 칸의 아버지인 예수게이는 친해지자고 손을 내미는 척한 타타르 부족의 계략으로 독이 든 술을 마시고 허무하게 죽고 만다. 칭기즈 칸의 아버지가 죽자 힘 있던 아버지를 따르던 부족의 사람들은 곧바로 배신했다. 칭기즈 칸 가족의 가축과 재산을 빼앗고 죽이려든 것이었다. 그래서 어쩔 수 없이 칭기즈 칸의 가족들은 도망치고 말았다.

가족은 적들에게 쫓겨 비참하게 살았지만 태생적으로 남달랐던 칭기즈 칸은 강인한 청년으로 자랐다. 주변의 사람들을 포섭해 자신의 심복으로 만들고, 세력을 규합해 훌륭한 장군으로 성장했다. 아버지의 복수를 맹세한 그는 타타르 부족과 메르키트 부족을 전멸시키다시피 정복했고, 나머지 부족들도 굴복시켜서 1206년 통일몽골 제국을 이루었다. 그러고는 바로 세계 정복의 길로 나섰다.

숙원사업이던 아버지의 복수를 마치고, 몽골통일이라는 대업을 이루어낸 후에는 한숨 돌리면서 편하게 즐길 수도 있었을 것이다. 그런데 왜 칭기즈 칸은 몽골고원을 넘어 세상의 끝으로 달려간 것일까?

칭기즈 칸은 통일을 이루자 몽골 제국의 모든 사람들에게 이렇게 외쳤다. "우리를 가두던 몽골고원에서 벗어나 밖으로 나가자!"라고 말이다. 몽골족의 성향과 현실을 뼈저리게 느끼고 안타까워했던 칭기즈 칸은 통일을 이루어서 일시적으로 평화롭게 보일 수는 있으나, 몽골 사람들이 몽골고원에 머물러 있으면 조만간 서로에게 칼을 겨누고 또다시 피비린내 나는 복수의 전쟁이 반복될 것을 알았다. 그래서 그는 반드시 몽골족은 바깥세상으로 나아가 동족 간의 전쟁이 아닌 끝없는 정복전쟁을 통해 그 피의 에너지가 밖으로 표출되어야 한다고 생각했다. 그래야 다시는 동족상잔의 비극이 발생하지 않을 것이라고 본 것이다.

이것이 테무진 시절부터 그 어느 누구도 믿을 수 없는 공포의 세월을 견뎌내면서 키워온 절실한 꿈이었다. 가족끼리, 친족끼리, 부족끼리, 그리고 민족끼리 서로 죽고 죽이는 바보 같은 일을 멈추게 하고 싶은, 뼈에 사무칠 정도의 간절한 꿈 말이다.

모두가 절실하면 세상이 바뀐다

그는 피의 복수를 반복하며 쌓아온 강인한 정신력과 무공, 그리고 몽골고원에서 말을 타며 배운 기마술과 특유의 유목민족의 특성 때문에 한곳에 정착하지 않았다.

천막 생활을 하면서 언제든 빠르게 이동하고 진을 치는 몽골족의 기동력은 몽골고원을 넘어서자마자 주변의 모든 국가와 민족을 두려움에 떨게 만들었다.

몽골 제국의 군대는 전부 기마부대로 구성되었고, 심지어 한 명의 병사가 두 마리의 말을 이끌고 전속력으로 내달아 하루에 70km 이상을 달리기도 했다. 타고 온 말이 지치면 다른 말로 갈아타고는 쉬지 않고 내달렸다. 그 속도로 아시아뿐 아니라 유럽의 국가들까지 초토화시켰다.

다른 나라에서는 멀리서 몽골군대가 쳐들어온다는 소식을 듣고 부리나케 군대를 정비하고 전쟁 대열을 갖추었다. 그러나 이미 몽골군대가 눈앞에 나타나서 칼을 휘두르고 있으니, 손도 써보지 못하고 당할 수밖에 없었다. 게다가 잔인하기까지 했다. 정복한 도시가 끝까지 항복하지 않으면, 그들은 누구든 가리지 않고 사살했다.

강력한 몽골 제국 군대에 또 하나 폭발적인 에너지를 불어넣은 것이 있다. 그것은 바로 수평적인 무한경쟁 체제였다. 당시 대부분의 국가들은 왕족과 귀족으로 대변되는 기득권층과 평민과 천민으로 대변되는 피지배층으로 나뉘었다. 둘 사이에는 깊은 골이 있었다. 아무리 노력해도 평민이 귀족으로 올라가는 일은 불가능했다.

그런데 몽골족은 달랐다. 그들도 왕족이나 귀족의 개념은 있었지만, 누구든지 천막에서 살았고 말을 타며 사냥을 했다. 검소한 생활을 하던 몽골족에게 기득권이라는 개념은 통하지 않았다.

토지 소유권이라는 개념도 없었다. 때문에 농지를 소유한 자와 소작민으로 살아가던 자의 계급도 존재하지 않았다. 일종의 '장자 세습의 원칙'도 없었다. 장남이든 차남이든 순서와 상관없이 능력이 있는 사람에게 권력을 세습했고, 천민이든 귀족이든 전쟁에 나가서 공을 올리면 우대받는 세상이었다. 그래서 몽골 제국의 건장한 청년이라면 누구든 말을 타고 적진에 돌진해 많은 공을 올리고자 했다. 이들이 바로 장군이 되었고 리더가 되었다.

또한 몽골 제국의 군대가 전부 기마병인 것도 큰 역할을 했다. 귀족 출신인 군인들은 말을 타고, 평민들은 창과 방패 하나만 들어야 했던 다른 나라 군대와는 전혀 달랐다. 귀족과 평민 모두가 차별 없이 말을 탔고 밥을 먹었다. 똑같이 천막에서 잠을 잤고 또다시 말을 탔다.

차별 없는 군대 체계 덕분에 사람들은 전공을 올리기 위해 목숨을 걸고 적진에 뛰어들었다. 이는 빠른 시간 내에 전 세계를 점령하기에 충분했다. 즉 공평한 기회를 제공하는 것이 성공을 바라는 사람들에게는 엄청난 기회인 셈이었고, 반대로 절실함이 없던 사람들에게는 뒤처짐이나 부끄러움이 되었다. 심지어 전쟁포로라 하더라도 몽골 제국에 충성을 다하고 전투의 최전방에서 목숨 걸고 싸워 전과를 올린다면, 장교가 되거나 장군으로 발탁될 수 있었다.

그런데 아이러니하게도 이것이 내리막길을 걷게 만든 이유이기도 했다. 장자 세습의 원칙이 없었기 때문에 칭기즈 칸이 죽은 다음에는 제국을 4개로 나누고 형제들이 통치했다. 그런 다음 그중에 가장 능력 있는 한 명을 대칸으로 임명했다. 그 결과 형제와 친족 간의 전쟁이 벌어졌다. 서로의 기득권을 인정하지 않고 능력과 힘만이 지배하던 지배층의 파워게임은 피를 나눈 형제들임에도 죽고 죽이는 결과로 변질되었다. 다시 시작된 내부의 전쟁은 결국 몽골 제국을 망하게 하는 데 이르렀다.

동족 간에 겨누던 칼을 세계 정복의 에너지로 바꿔서 역사상 가장 넓은 제국을 이루었던 칭기즈 칸의 절실한 꿈은 단 150년 동안만 이어졌다. 비록 그 영광은 사라졌지만 칭기즈 칸 개인의 꿈을 150만 명 몽골 제국 모두의 꿈으로 만들었을 때, 모두가 같은 생각으로 세상을 달리도록 만들었듯이 두려운 상황에서도 함께 꿈을 꾸고 간절히 바란다면 반드시 그 꿈은 이루어질 것이다.

한 사람이 꿈을 꾸면 이는 단순한 꿈에 불과하지만 모두 함께 같은 꿈을 꾸면 이는 현실이 된다. 이는 지금의 어려운 시절을 이겨내야 하는 우리의 마음속에 반드시 새겨두어야 할 말이기도 하다.

천년 갈 듯하던 수많은 기업들,
그리고 안타까운 사연들

노키아, 소니, 야후를 통해 우리는 배우고 깨달아야 한다. 그들이 범한 실수가 무엇인지 반면교사로 삼아야 한다.

한때는 '제국'이라 불리던 기업들이 있었다. 마치 2000년 전의 로마 제국이나 800년 전의 몽골 제국, 500년 전의 스페인처럼 전 세계를 호령하면서 떨게 만들었던 나라들처럼 말이다.

그들의 위세는 영원할 줄 알았다. 그들은 아무리 경쟁사들이 따라온다고 해도 이미 시장점유율에서 압도적인 차이를 보였기에 절대로 그 차이를 좁히지 못할 것이라 여겼다. 모두가 그 회사를 다니고 싶어했고, 그 회사 주식에 투자하고자 했다. 대학이나 연구기관에서는 기업들의 성공 스토리를 연구해 논문으로 쓰기도 했다. 그러고는 기업의 CEO들을 '경영의 신'인 것처럼 추켜세웠다.

제국이라 불릴 만큼 위대한 기업에도 위기의 순간은 반드시 온다. 무너져내릴 것인가, 다시 영광을 되찾을 것인가?

하지만 지금은 어떠한가? 사람들의 관심에서는 멀어졌고, 그 존재조차 사라진 기업들이 되었다. 혹은 초라하게나마 명맥은 유지하되 추억 속의 기업이 되었을 뿐이다.

나는 흥망성쇠를 겪은 수많은 기업들 중에서 3개의 기업을 소개하고자 한다. 불과 20여 년 전만 하더라도 1등 기업이었던 핀란드의 노키아, 미국의 야후, 일본의 소니다. 어쩌다가 옛날의 영화를 잃고 몰락하게 되었을까?

당시 언론에서는 휴대폰의 노키아 제국, 인터넷의 야후 제국, 전자업계의 소니 제국이라는 표현을 자주 썼다. 아무리 잘나가는 기업이라 하더라도 '제국'이라는 말을 잘 붙이지는 않는데, 이 기업들은 그렇게 불렸다. 그만큼 기업 구조가 탄탄했다는 것인데 어쩌다가 망해버린 몽골 제국처럼 된 것일까?

절실함을 잃어버린 기업의 최후

잘나가는 기업에서 몰락한 기업이 된 데는 공통점이 있다. 바로 제국의 본질을 잃고, 황제부터 국민들까지 절실함을 잃어버렸다는 점이다. 영광스러운 과거에만 집착하고 승리의 향락에 빠져서 국가의 기강이 무너져버린 셈이다.

이미 기득권을 쥔 세력들은 절대로 자기 것을 내놓지 않는다. 설사 국가가 망한다고 해도 '내 것'을 지키겠다고 서로에게 적이 되고 만다. 저 먼 곳에서 적들은 끊임없이 공격해오는데, 구중심처의 왕궁까지는 전혀 소통이 되지 않아서 전쟁터의 심각함이 전달되지 않는 것이다.

황제를 둘러싼 환관 내시들은 자신들의 이권에만 눈이 멀어 황제의 눈을 흐리게 만들고, 전장의 장군들을 모함해 그들의 목을 치려고만 한다. 어느 시대, 어느 제국이든 흔히 일어나는 일들이다. 로마가 그랬고, 몽골, 페르시아, 중국의 수많은 왕조가 그랬다. 스페인이나 프랑스 같은 유럽의 절대군주의 국가들 역시 같았다. 처음에 제국을 세우고 왕국을 건설할 때의 그 강인함과 초심을 잊고서 시간이 지날수록 무너져버리는 것은 동서고금 마찬가지였다.

그런데 재미있는 것이 있다. 역사책에서 볼 수 있었던 제국들의 모습이 기업에서도 똑같이 일어난다는 점이다. 똑같은 이유로 제국이나 기업이 망하고, 적들에게 속수무책으로 당한다. 기업들도 급성장하던 시기의 본질을 잃어버리고, 리더와 직원들은 성공에 대한 절실함을 잃어버린다.

과거의 성공에만 집착한 채 시대의 변화에 둔감해진다. 세상이 바뀐다는 것을 인정하지 않는다. 힘을 합쳐서 위기를 극복해야겠다는 생각보다는 과거만을 추억한다. 각 사업부들은 서로 돕기는 커녕 적이 되고 만다. 사태의 심각성을 눈치챈 대주주나 리더는 자신들의 살길만 찾는다. 단기 성과에만 집착하고 상사에게 올바른 충언을 하지 않는다. 괜히 한소리 했다가 '찍힐까봐' 두려운 것이다.

구원투수로 영입된 CEO마저도 개인의 이익에 치중한다. 단기간에 손익을 올려서 회사의 주가를 띄우고, 임기 내에 실현될 수 있는 계획에만 집착한다. 결국 기업의 장기적인 먹을거리의 경쟁력은 약화되고, 핵심 인력들은 빠져나가고 만다. 그 결과 회사의 기술력마저 잃는다. 이를 만회하기 위해 M&A로 성장 동력을 확보하고자 하지만 그때뿐이다. 어떻게 수백 년 전에 일어났던 제국들의 상황이 현재의 기업에도 똑같이 일어나고 있는지 신기할 따름이다.

노키아는 그렇게 무너졌다

노키아는 1871년에 시작된 기업이다. 제지 회사로 시작해서 고무 관련 사업을 하다가 점차 사업 분야를 확장했다. 그러다가 1960년대부터 전자기기 사업을 시작했다.

노키아는 평범한 기업이었는데, 1992년에 요르마 올릴라가 CEO로 부임하면서 그 위상이 달라지기 시작했다. 그는 부임한 직후부터 사업들을 매각하거나 정리하고, 휴대폰 사업에 집중하기 시작했다.

당시에 '전화기'란 집에 두는 물건이었을 뿐, 사람들이 휴대할 수 있다는 개념조차 없던 시대였다. '휴대폰이란 부자들의 전유물'이라고 여긴 시대였다. 그러다가 미국의 모토로라가 휴대폰을 대중화하면서 상황이 급변했다. 노키아가 시장성을 미리 알아보고 움직이기 시작한 것이었다.

그 결과 노키아는 유럽, 아프리카, 인도, 중국 시장 등을 석권했고, 1998년에는 모토로라를 꺾고 전 세계 휴대폰 점유율 1위를 달성했다. 당시 노키아가 핀란드 기업 전체 이익의 80%를 차지할 정도였으니, '휴대폰 제국'이라는 호칭이 가히 과장은 아니었다.

2000년 전에 유럽의 작은 반도 국가였던 로마가 '정복전쟁의 비즈니스'라는 기법 하나로 유럽과 소아시아를 점령하고 대제국을 이루었듯이, 유럽의 작은 나라인 핀란드에서 시작된 노키아도 로마와 같았다.

유럽의 다른 대기업과는 차별되게, 휴대폰이라는 새로운 비즈니스 기회를 지역 단위의 기술 클러스터로 만들었다. 그리고 노키아라는 단일 기업의 사업이 아니라 핀란드 전체의 비즈니스 생태계로 승화했다. 그 결과 어느 경쟁업체보다 빠르고 경쟁력 있게 부품을 조달했고, 고급 인력들을 제공받을 수 있었다.

프랑스나 독일 같은 전통적인 대국이 아니라 핀란드라는 작은 나라였기에 가능한 일이었다. 하지만 안타깝게도 휴대폰 제국이라는 명성은 10여 년이 지나자 기울어가기 시작했다.

그 시작은 2007년 애플이 아이폰을 처음 출시하면서였다. 당시에 노키아도 스마트폰과 관련된 기술 연구를 진행하고 있었고, 아이폰의 iOS와 안드로이드 OS에 대응하는 심비안과 미고라는 OS를 준비하고 있었다. 휴대폰 제국이라는 명성에 걸맞게 OS도

대중적인 중저가 스마트폰을 위한 심비안과 고급 스마트폰을 위한 미고라는 OS를 두 개나 준비한 것이다.

그러나 당시 경영자들은 잘나가는 '피처폰'의 실적에 취해 있었다. 스마트폰 시대를 준비하되 단지 구색만 갖추었을 뿐, 말 그대로 '올인'하지 않았다. 그사이 아이폰의 명성은 올라가서 TV 한 대 값에 준하는 데도 젊은이들 사이에서 불티나게 팔리기 시작했다. 그러자 노키아는 당황하며 허둥댔다.

게다가 경쟁업체라고 생각하지 않았던 한국의 삼성이 구글과 손잡고 스마트폰을 만들기 시작하면서 시장은 급변했다. 노키아의 엔지니어들은 애플과 삼성이 출시하는 스마트폰에 대적할 만한 제품을 만들어내지 못했다. 물론 노키아 내부에서도 심각성을 느꼈을 것이다. 하지만 현재 실적에 취해, 전 세계적으로 40%에 달하는 시장점유율에 취해 현실을 직시하지 못했다.

삼성도 한때는 자체적인 스마트폰 OS를 개발하려고 시도했지만, 표준화된 OS를 채택하는 것이 훨씬 더 경쟁력이 있다고 생각해서 구글과 손을 잡았다. 삼성은 발빠르게 안드로이드와 손을 잡고 반도체와 부품, 그리고 안드로이드 앱스토어 등에 집중적으로 투자했다. 반면에 절대적인 1등이라는 과거의 성공에 도취된 노키아는 안드로이드 OS를 무시했다.

노키아는 기다리고 기다려도 게으르고 절실함이 사라진 심비안 R&D와 개발 엔지니어들에게서 좋은 소식을 듣지 못했다. 마침내 심비안 OS의 허상을 깨달았다. 그제야 안드로이드 OS를 활용하기 위해 구글과 접촉해 테이블을 마주하고 앉았다.

그런데 어쩌면 마지막일 수도 있는 그 기회를 노키아는 발로 차버리고 만다. 여전히 세계 최고라는 어리석은 생각에 사로잡힌 노키아는 구글에게 안드로이드 OS를 채택하되, 다른 스마트폰 업체와 달리 특권적인 지위를 제공할 것을 요구한 것이다. 그 특권적인 지위가 무엇인지는 정확히 알 수 없지만, 구글은 그 요구를 거절했다. 노키아는 결국 마지막 기회마저 놓치고 말았다.

노키아는 2011년에 마이크로소프트와 손잡고 윈도우폰 OS를 채택한다. 아마도 구글과 협상시 이런 요구를 할 때, 뒤에는 윈도우폰 OS라는 복안이 있다고 생각했던 것 같다. 하지만 당시 윈도우폰 OS는 스마트폰 업계에서 외면받던 상태였다. 아마 빌 게이츠가 노키아에 엄청난 조건을 제공하며 노키아와 손잡고 스마트폰 비즈니스에 존재감을 확장하려 한 것 같다. 그러나 결과적으로 두 회사 모두에게 손실을 준 나쁜 선택이었다. 혹자들은 2010년에 노키아의 CEO로 부임한 스티브 엘롭이 빌 게이츠가 노키아에 심어놓은 스파이였다고 말할 정도였으니 알 만하다.

스티브 엘롭은 마이크로소프트 출신으로 어도비솔루션에 있다가 스마트폰 사업의 부진을 역전시킬 적임자로 노키아에 영입

된다. 하지만 노키아 입장에서는 최악의 선택이었다고 할 수 있다. 앞서 언급한 구글과의 바보 같은 협상이나 윈도우폰 OS로의 선택 등을 그가 이끌었기 때문이다.

과거 피처폰의 몰락과 스마트폰 사업의 부진으로 엄청난 적자를 보인 노키아는 2013년 스마트폰 사업부를 마이크로소프트에 매각한다. 그는 사업을 매각하면서 다시 마이크로소프트로 돌아갔다. 그러고는 2년 뒤인 2015년에 마이크로소프트에서 퇴사했다. 정말 그가 빌 게이츠의 사주를 받았다고 할 정도로 노키아의 중요한 순간에 가장 어리석은 의사결정을 했다. 휴대폰 제국이라 불리던 노키아는 이렇게 속절없이 무너졌다.

노키아 회장인 리스토 실라즈마는 노키아가 몰락한 이유를 이렇게 말했다.

"노키아를 세계 최고의 기업으로 만들었던 사람들이 성공에 취해 바뀌기 시작했다. 노키아를 일으킨 근면함과 절실함은 사라졌고, 무사안일에 빠졌다. 과거의 성공이 오히려 독이 되었고, 기울기 시작한 노키아를 다시 일으켜 세우기보다는 각자 살길만 찾아 움직였다."

절실함을 잃어버린 게으른 기업의 최후를 노키아는 당연한 듯이 받아들였다. 노키아 제국의 몰락과 로마 제국의 몰락. 시대만 다를 뿐이지 마치 거울을 보는 것처럼 너무나 닮아 있다.

소니의 신화는 그렇게 쇠퇴해갔다

유럽에 노키아 제국의 스토리가 있다면, 아시아에는 소니 제국의 스토리가 있다. 소니는 1980~1990년대 전자업계에서 철옹성 같은 기업이었다.

당시에는 경제 발전으로 TV, 오디오, 비디오, 게임기와 같은 전자기기가 가정마다 한 대씩 있던 시대였다. 소니와 경쟁하던 미국의 제니스, GE, 일본의 샤프, 도시바, 한국의 삼성, LG 등이 있었지만 소니는 이들과는 차원이 다른 기업이었다.

특히 1979년에 출시된 소니의 워크맨은 전 세계 젊은이들의 마음을 사로잡았다. 당시에 상당히 고가였던 워크맨을 사기 위해 젊은이들은 매장 앞에 줄을 이었다. 워크맨을 허리에 차고 헤드폰을 멋지게 끼고는 거리를 활보하는 모습은 그 시대 젊은이들의 문화였다.

소니 TV는 한때 부의 상징이었고, 다른 가전업체의 TV보다 가격이 약 30%나 비싸도 사람들은 소니 제품을 샀다. 그런데 이제는 상황이 달라졌다. 소니는 여전히 TV도 만들고 오디오, 노트북, 게임기, 카메라 등을 만들지만, 사람들은 더이상 소니를 최고의 가전 브랜드라고 생각하지 않는다. 도대체 소니에게 어떤 일이 일어난 것일까? 다른 기업들은 절대로 따라갈 수 없을 것 같던 소니가 어쩌다가 이렇게 존재감이 없어졌을까?

많은 사람들은 소니 제국의 몰락이 '자만심'에서 비롯된 것이라고 말한다. 오랫동안 세계 가전시장을 호령하던 소니는 경쟁자가 없다고 판단한 듯하다. 그래서 모리타 아키오 회장이 도쿄의 한 뒷골목에서 트랜지스터 라디오를 만들면서 창업한 이후, 목숨처럼 집착하던 기술개발에 대한 DNA를 점차 잃어버리기 시작했다.

소니는 1989년에 미국의 영화사 컬럼비아픽처스를 인수한다. 그러면서 가전회사보다는 콘텐츠를 다루는 기업으로 거듭나겠다고 발표한다. 그런데 안타깝게도 이 순간부터 소니는 '기술의 소니'가 아니었다. '애매한' 소니를 지향하면서 기술을 중시하던 기업의 DNA가 흔들리기 시작했다.

핵심사업인 TV 분야에서 소니와 한국 가전업체인 삼성, LG의 승부가 갈리기 시작한 때는 1990년대 말이었다. LCD나 PDP로 대변되는 디지털 평판 TV와 브라운관 TV의 패러다임 변화 때문이었다.

소니 TV의 신화는 '트리니트론'이라는 브라운관의 기술력을 기반으로 한다. 당시 삼성, LG 등의 기업들은 소니 브라운관의 정교함과 디자인의 역량을 따라가지 못했다. 다만 언젠가는 평판 패널이 브라운관을 대체할 것이라고 예측해서 LCD와 PDP TV

개발에 자금을 투자하고 연구에 집중했다.

반면 소니는 과거의 성공에 집착했다. 'TV는 브라운관'이라는 고정관념에 사로잡혀 디지털 패널 투자에 집중하느니, 그 돈을 엔터테인먼트 콘텐츠나 로봇, 카메라 등의 사업에 투자하는 것이 옳다고 판단했다.

그 결과는 실패였다. 2000년대 들어서면서 전 세계의 고객들은 크고 무거운 브라운관보다는 얇고 가볍고 화질이 지속적으로 개선되는 평판 패널 TV에 매료되었다. 불과 몇 년 만에 소니의 브라운관 TV는 구시대 문물이 되고 말았다. 그 변화가 생각보다 빠르게 전개되었다. 소니는 부랴부랴 평판 TV 시장으로 전환했지만, 이미 앞서간 삼성과 LG의 뒷모습만 바라보며 아쉬워할 뿐이었다.

소니가 한 실수의 바탕에는 1995년에 CEO로 취임한 이데이 노부유키 때문이라는 이야기가 있다. 컬럼비아픽처스를 인수하면서 가전기업을 벗어나 미래에 성장 가능이 있는 기업으로의 변화를 이데이 노부유키가 본격적으로 박차를 가했기 때문이다.

초반에는 가시적인 성과도 나타나서 1998년에 소니는 5천억 엔이라는 사상 초유의 영업이익을 달성했다. 소니의 앞날은 탄탄대로가 펼쳐진 듯했고, 언론에서는 이데이 노부유키를 경영의 귀재라며 칭송했다. 하지만 탄탄한 기술력이 핵심이었던 R&D를 소홀히 하고 많은 사업을 벌이기 시작하면서 '기술의 소니'라는 명성에 금이 가기 시작했다.

과거의 성공을 믿고 자만심에 빠져 사업을 빠르게 확대하기 위해 각 사업부에 독립채산제(기업 내 경영단위가 자기의 수지에 의해 단독으로 사업을 성립시킬 수 있도록 하는 경영관리제도)를 도입했다. 그러면서 사업부 간에 벽이 쌓였다.

각 사업부가 개발한 기술이나 특허를 다른 사업부가 무료로 사용하지 못하게 하고, 필요하다면 타 사업부가 개발한 기술을 사용하는 대신에 더 싼 비용으로 외부 기업에서 기술을 도입하는 것을 독려했다. 한 기업 내에서 경쟁과 반목이 일어나기 시작한 것이다.

삼성, LG와 같은 떠오르는 외부의 적과 싸워야 하는데, 소니는 각 사업부끼리 기술을 두고 경쟁하게 만들면서 협업이나 시너지가 나는 구조를 무너뜨렸다. 각 사업부장들은 당장의 수익을 극대화하기 위해 소니의 핵심인 R&D 연구원과 엔지니어들을 해고하고, 기술개발 비용을 줄였다. 그리고 유행을 따라가면서 사업의 방향이 흔들렸다. 결국 이데이 노부유키의 자만심으로 인해, 기술개발에 박차를 가한 한국의 가전업체에게 그 영광의 자리를 내주고 말았다.

실제로 1998년부터 소니 PC사업부에서 근무한 뒤 2005년 퇴사한 미야자키 타쿠마의 책을 보면 그 사실을 잘 알 수 있다. 그는『소니 침몰』이라는 책을 쓰면서 이데이 노부유키가 이끌던 소니를 강하게 비판했다.

기술보다는 화려해 보이는 사업을 선호한 이데이 노부유키의 어리석음, 그리고 사업부 간의 과도한 실적 경쟁을 부추기는 바람에 기술개발보다는 적당히 서둘러 포장해서 빨리 파는 것이 우선시된 소니의 상황을 알려주었다.

이런 흐름 속에서 푸대접을 받은 많은 기술자들은 소니를 떠났고, 제품의 경쟁력은 떨어지고 말았다. 가장 중요한 사업의 본질을 망각하고, 절실함을 이상한 방향으로 몰고 간 소니는 전 세계를 호령하던 소니 제국이라는 명성을 잃어버린 채 가전업계에서 밀려났다. 카메라, 게임기, 전자부품 등의 분야에서 명맥만 유지하는 평범한 기업으로 전락하고 말았다.

야후는 그렇게 몰락했다

소니 제국에 이어 미국에서도 몰락한 제국 기업이 있다. 1990년대에 전 세계의 인터넷을 석권하던 야후 제국이다. 1994년 스탠포드대학교의 박사 과정이었던 제리 양과 데이비드 필로는 박사

논문 작성에 필요한 사이트들을 찾아보던 중 다양한 주제의 사이트들을 쉽게 분류하는 웹사이트 목록을 만들었다.

그렇게 만들어진 단순 웹사이트 목록이 스탠포드 대학생들에게 폭발적인 인기를 끌었다. 그러면서 1995년에 벤처투자자로부터 400만 달러의 투자를 받고, 야후라는 인터넷 제국이 탄생하게 되었다.

몇 단계만 거치면 자기가 원하는 사이트를 찾을 수 있게 한 디렉토리 검색 서비스는 지금 생각해보면 원시적인 서비스이지만, 당시에는 획기적인 서비스였다. 인터넷이라는 망망대해에서 방향을 알려주는 등대 같은 서비스였기 때문이다.

야후는 검색뿐 아니라 이메일, 뉴스, 인터넷 쇼핑 등의 기능을 제공하면서 포털사이트의 절대 강자로 자리 잡았다. 회사를 설립한 지 1년 만에 순수 인터넷 회사로는 최초로 미국 증시에 상장되었다.

그러다가 1998년 인터넷 시장에 혜성같이 등장한 구글로 인해 야후 제국은 몰락하기 시작했다. IT기업의 핵심이라 할 수 있는 검색기술 개발에 사활을 건 구글과 세상에 존재하는 모든 콘텐츠를 제공하겠다는 미디어 포털을 지향하는 야후와의 싸움은 승부가 쉽게 갈렸다.

구글은 첫 페이지부터 검색창만 보여주고 검색을 시작하는 순간, 수많은 검색알고리즘과 광고 추천로직으로 유저들이 찾고 싶은 콘텐츠와 관련된 광고를 보여주었다. 이와 달리 야후는 첫 페이지에 다양한 주제들을 기반으로 한 콘텐츠 디렉토리를 띄웠다. 복잡한 배너광고, 뉴스와 웹사이트들을 제공하면서 화면 속 정보들은 뒤죽박죽 섞여 있었다.

인터넷 포털의 핵심은 바로 '검색기술'이라는 것을 깨닫고 빠르게 변화했으면 좋았겠지만, 야후는 엉뚱하게도 워너 브라더스 출신의 테리 세멜을 CEO로 영입했다. 그러고는 미디어 기업으로의 변모를 꾀했다. 유명 뉴스 앵커를 부사장급으로 영입했고, 콘텐츠 기업들과 제휴를 맺었다.

야후가 막대한 자금을 소모하는 동안, 구글은 검색순위를 입찰하는 방식으로 기업광고의 이익을 극대화했다. 그리고 검색 결과창에 획기적인 프레임광고 방식을 도입하면서 검색과 광고라는 핵심 기술에 더욱 박차를 가했다.

2008년에 야후의 실적을 개선하기 위해 창업자인 제리 양이 두 손을 걷어붙이고 CEO로 나섰다. 하지만 안타깝게도 미디어 사업에 더욱 집중하면서 위기를 극복하지 못했다. 2008년 마이크로소프트로부터 450억 달러라는 엄청난 금액으로 인수 제안을 받았지만, 제리 양은 그 제안을 거절했다. 결과론적으로 보면 그때라도 야후를 매각했어야 했다.

몰락해가던 야후 제국의 숨통을 끊어놓은 것이 바로 페이스북의 약진이었다. 방황하던 야후는 SNS라는 새로운 세상을 연 페이스북에 그나마 남아 있던 유저들을 빼앗기고 만다. 너무나 뻔하고 변화가 없는, 그리고 스마트폰의 조그마한 화면에 어울리지도 않는 야후의 페이지를 사람들은 더이상 찾지 않았다. 사람들은 타인과 소통하고 볼거리가 많은 페이스북에 열광했다. 손쉽게 자신만의 콘텐츠를 올릴 수 있어서 더 좋아했다.

구글과 페이스북이라는 강력한 기업에 공격을 받은 야후 제국은 속절없이 무너졌다. 뒤늦게 검색과 SNS를 기반으로 한 IT기술이 핵심이라는 것을 깨닫고는 2012년 구글의 검색엔진 분야의 부사장이던 마리사 메이어를 CEO로 영입한다. 마지막 승부를 건 셈인데, 이미 때는 너무 늦었다.

마리사 메이어는 야후를 혁신하기 위해 많은 일을 했다. 검색엔진을 혁신하기 위해 천 명의 개발자를 배치하고, 음식, 여행, 기술 등을 주제로 하는 디지털 매거진도 열었다. 페이스북에 대항하기 위해 SNS 기능을 가진 텀블러를 인수하고, 모바일 기업들을 인수했다.

그러나 야후의 매출과 이익은 곤두박질쳤다. 그 이유는 뻔했다. 어느 핵심 기술 한 가지에 집중하지 못하고, 다양한 분야로 확장하면서 허둥댔기 때문이다.

그나마 2005년에 투자했던 알리바바의 지분 40%가 엄청난 지분 수익을 올리면서 야후 전체를 떠받들었다. 하지만 마리사 메이어가 할 수 있었던 것은 결국 야후의 모든 사업들을 매각하고, 알리바바의 지분 15%만을 가진 투자회사로만 명맥을 유지하도록 치욕적인 구조조정을 하는 일뿐이었다.

야후의 전직 임원이었던 댄 피니건은 시간이 지난 뒤 야후를 이렇게 평가했다. "야후는 성공하기 어려운 너무 많은 분야에서 경쟁하려 했다."

망해가는 제국들의 특징, 절실함을 잃다

망하는 제국들에는 한 가지 특징이 있다. 절실함을 잃어버리고 핵심에 집중하지 못했다는 점이다. 제국의 국경은 너무나 넓기 때문에 수많은 적들을 상대해야 한다. 그럴수록 중요한 것이 있다. 바로 어느 적을 가장 우선순위에 두고 대응할 것인지, 어떻게 군사력을 집중해서 배치할 것인지, 어떤 무기를 개발하고 병법을 만들어서 군대를 강하게 만들 것인지를 염두해야 한다는 점이다.

망하는 제국은 과거에만 머물러 있다. 과거에 성공했던 무기와 병법에 집착하고, 새로운 변화에 귀를 기울이지 않는다. 제국의 화려함에 집착하고 국경의 전장에서 들려오는 장수들의 절실한 외침을 '엄살'이라고 치부한다.

대제국을 만들겠다던 절실함을 잃어버리고, 제국을 떠받들던 본질을 잃어버린 것이 패착이다. 로마 제국, 몽골 제국, 스페인이 그러했고, 소니도, 야후도 마찬가지였다. 천년 제국을 꿈꾸었던 절대 강자가 속절없이 무너진 이유다.

맨주먹으로 성공을 이루어낸 사람들에게는 확실한 비법이 있다. 특유의 실행력과 분석력으로 어려움을 극복했고, 남들이 말만 하고 움직이지 않을 때는 먼저 일어나 가보지 않은 길로 과감하게 한 걸음씩 내딛었다. 나는 그들을 '그로스해커'라고 명명한다. 지금도 수많은 그로스해커가 성공 스토리를 쓰고 있다. 우리는 그들을 부러워만 하지 말고, 이제부터라도 나만의 성공 스토리를 쓰기 위해 그로스해커로 거듭나야 한다.

3

뭔가 해내는 것에는

다 이유가 있다

이전의 방식은 모두 잊어라,
그로스해킹

어떠한 어려움에도 굴하지 않고, 반드시 성장을 이루겠다는 해커 정신은 절실한 사람만이 간직할 수 있는 성공 공식이자 강력한 무기다.

이제는 어떤 일을 하려고 해도 고전을 면치 못하는 시대라고 생각한다. 기업들은 다양한 이유로 투자를 못하고 있다. 일본은 '잃어버린 20년'이라는 길고 긴 경제 침체기를 지나왔다.

우리나라도 일본처럼 똑같은 전철을 밟고 있는 것 같다. 이는 어느 한 명의 잘못이나 실수가 아니다. 산업의 구조가 바뀌고 인구의 형태, 사람들의 라이프 스타일이 변화하면서 일어나는 결과라고 생각한다.

우리나라의 산업은 그동안 대기업 위주로 발전해왔다. 그런데 이제는 비즈니스 패러다임이 바뀌고 있다. 막대한 자본으로 규모가 큰 공장을 짓고 경영을 해도 수익이 보장되는 시대가 아니다.

4차산업혁명은 우리들에게 기회일까, 위험일까? 그로스해커가 되어 성장의 엔진을 켜라.

모바일과 디지털의 발전으로 새로운 패러다임이 등장했다. 인공지능과 로봇으로 대표되는 4차산업혁명의 결과, 많은 노동력이 필요해지지 않았다. 기계나 컴퓨터가 사람들의 노동을 대체하면서 일자리가 줄어들고 있기 때문이다. 이는 인간에게 두려운 일이기도 하다.

얼마 전에 신문에서 이런 기사를 읽었다. 한국도로공사의 톨게이트 직원들이 사장을 고발하고 파업에 나서면서 전면 투쟁에 돌입한다는 내용이었다. 자세히 알아보니 한국도로공사에서는 향후 고속도로의 톨게이트 전체를 무인화 시스템으로 바꿀 계획이었다. 사람들이 통행료를 내기 위해 정차할 필요 없이 번호판을 자동으로 인식해서 차주에게 요금을 청구하는 방식으로 말이다. 그렇게 되면 톨게이트에서 요금을 수납하는 직원들은 일자리를 잃을 것이다.

그런데 국민 입장에서는 참으로 편리한 서비스이기도 하다. 고속도로 정체 현상도 개선될 것이고, 인건비를 절감해서 고속도로 제반시설에 더 투자할 수 있기 때문이다.

어느 입장을 지지해야 할 것인가? 참으로 난감한 일이다. 그런데 이러한 문제는 앞으로 비일비재하게 일어날 것이다. 미국에서는 아마존 고(Amazon Go)를 필두로 무인 매장이 점차 확대되고 있다. 중국에서도 아마존 고를 베낀 매장을 알리바바가 만들고 있고 더 빠르게 확산되고 있다. 머지않아 국내에도 이런 매장들이 도입될 것이다. 이로 인해 일자리가 줄어들 것은 뻔하다. 그렇다면 우리는 어떤 준비를 해야 할 것인가?

내 일자리가 없어질지도 모른다

4차산업혁명이 긍정적인 결과만 주는 것은 결코 아니다. 시대의 변화에 따라 이득을 보는 사람이 있다면, 반드시 손해를 보는 사람도 있기 마련이다. 그렇다고 현실에 안주하는 것도 좋지 않다. 과거 100년 전에 쇄국정책의 일환으로 세상의 변화를 거부하던 역사가 있지 않았던가?

이전에 통하던 경영의 방식은 더이상 적용되지 않는다. 처음에는 대수롭지 않게 생각하던 모바일에 기반을 둔 스타트업 기업들이 커지면서 기존 기업들의 수익을 잠식해가고 있다. 그리고 점차 어려운 상황으로 몰아간다. 물론 스타트업 기업들이 전부 돈을 버는 것도 아니다. 몇 개의 스타급 기업을 제외하고는 말이다.

새롭게 부상하는 스타트업 기업은 투자받은 자금을 기반으로 사업을 하면서 적자를 보는 경우가 많다. 게다가 이들의 공격을 받는 기존 기업들도 울며 겨자먹기로 대응하느라 이익을 잠식당하고 있다. 치킨게임의 승자가 전체 시장을 독식하리라는 꿈이 과연 이루어질 것인가는 몇 년이 지나면 판가름날 것이다.

중요한 것은 이전에는 없던 방식으로 기업 간의 경쟁이 일어날 것이라는 점이다. 그리고 사람들은 급격한 변화에 오히려 불안과 두려움을 느껴서 미래를 부정적으로 전망해 움츠러들고 지갑을 닫는다는 것이다.

로봇과 인공지능이 더 활성화되면 이를 이용해서 비즈니스를 하고, 새로운 기회를 잡을 수 있다고 생각하는 사람은 극히 일부에 불과하다. 평범한 사람들이 불안한 미래를 준비하는 방법은 돈을 쓰지 않는 일이다.

소비는 재미있게도 심리와 관련되어 있다. 미래를 긍정적으로 예상하면 소비를 늘리고 여행도 간다. 궁극적으로 돈을 쓰는 것이다. 그런데 지금은 어떠한가? 사람들이 돈을 쓰지 않는다. 앞으로 어떻게 될지도 모르는데, 어떻게 돈을 쓰겠는가?

지금 당장 일자리가 없어질지도 모르고, 가게 문을 닫을지도 모른다. 기업의 입장에서는 회사가 불안하니 직원을 새로 고용할 수도 없다.

불과 몇 년 전만 해도 수백 명에 이르는 신입사원을 모집하던 대기업들도 이제는 바뀌었다. 아예 신입사원 공채를 진행하지 않거나 직원을 뽑는다고 해도 그 수가 확연히 줄었기 때문이다. 미래가 어찌될지 모를 일이다. 그래서 소비가 줄어들 것이다. 참으로 난감한 일이다. 사람들은 점차 돈을 쓰지 않는데 기업은 아이러니하게도 성장해야 하니 말이다.

공포와 두려움이 만연하는 시대에 내 눈을 사로잡은 단어가 있다. 바로 그로스해킹이다. 이미 스타트업 업계에서는 일상화된 용어인데, 전통적인 기업의 경영자나 마케터들에게는 생소한 용어일 것이다.

스타트업 벤처기업이 아이디어와 기술만으로 창업을 하고, 맨

땅에서 시작해 고객에게 사업을 알리고 살아남기 위해 노력한다. 이를 실리콘밸리에서는 "그로스머신(Growth Machine)을 장착한다"라고 표현한다. 즉 '성장의 기계'라는 의미다. 그리고 이러한 그로스머신을 만들고 키워가는 활동을 '그로스해킹'이라 한다.

해킹이란 남의 시스템에 침입해서 데이터를 빼내거나 시스템을 무력화시키는 일종의 해적질을 의미한다. 해커들은 하나의 목표를 세우면 수단과 방법을 가리지 않고 집중해 시스템을 뚫고 목표를 달성한다.

모바일 스타트업 기업에서 처음 출시하는 앱은 고객이 0명에서 시작된다. 1명씩 가입하게 만들어서 최소 100만 명까지 고객을 확보해야 성장의 기틀을 마련할 수 있다. 그런데 말이 쉽지 어떻게 0명에서 시작해서 몇 개월 혹은 1년 안에 100만 명을 달성할 수 있을까? 물론 자금이 막대한 대기업은 마케팅 비용을 쏟아부어 광고를 할 수 있다. 그런데 신생 기업들은 불가능한 일이다.

그럼에도 살아남으려면 수단과 방법을 가리지 않고 고객을 모아야 한다. 마치 해커가 시스템을 뚫기 위해, 그것도 보안시스템에 IP 등이 잡히지 않기 위해 시간에 쫓기면서 가까스로 미션을 달성하는 것처럼 말이다.

그로스해킹, 새로운 방식으로 문제를 접근한다

그로스해킹은 실리콘밸리의 마케팅 전문가, 션 엘리스(Sean Ellis)가 처음 사용한 용어다. 션 엘리스는 2010년 7월, 블로그 포스팅 'Find a Growth Hacker for your Startup'에서 처음으로 그로스해커(Growth Hacker)란 용어를 사용했다. 그리고 그로스해킹을 정의하며 실리콘밸리에서 새로운 마케팅의 시작을 알렸다.

이제는 기업의 경영자라면 해커가 되어야 한다. 과거에 누렸던 성공은 모두 잊어야 한다. 그러고는 현재의 사업을 0명의 고객으로 시작한다고 관점을 재편하고, 과거와는 다른 경쟁력을 갖추어야 한다. 전통적으로 생각하던 방식은 모두 버려야 한다. 그 무엇도 못할 것은 없다. 단지 고정관념만 깬다면 말이다.

아직도 많은 사람들은 그로스해킹을 스타트업을 위한 디지털 마케팅의 기법이나 일환으로 이해한다. 그런데 나는 그로스해킹이란 기업을 운영하는 사람이라면 누구나 명심해야 할 경영전략이라 생각한다. 사람들이 점점 소비를 줄이는 시대, 너무나 경쟁이 치열해서 한정된 고객과 시장을 두고 기업이 경쟁하는 시대다. 우리나라 기업만의 일이 아니다. 모든 기업들이 국경을 넘나들며 실시간으로 경쟁해야 하는 시대다.

소비자들은 어쩌면 기업들보다 정보가 더 많고 더 똑똑하다.

스마트폰 하나만 있으면 웬만한 기업 하나쯤은 휘청이게 만들 수도 있다. 이러한 시대에서 우리는 늘 긴장하고 있어야 한다. 늘 새롭고 다른 방식으로 소비자의 마음을 훔쳐내야 한다.

우리처럼 일반 기업에 다니거나 자영업을 하는 서민이 그로스해커가 될 수 있을까? 그로스해킹 마인드를 가지려면 첫째, '무조건 하고 보는 실행력'이 필요하다. 실행을 한 다음에 대책을 강구하고 끊임없이 진화하며 답을 찾는다.

보통 사람들은 새로운 아이디어나 도전과제가 주어지면 그것이 '잘 안 되는', 그리고 '해서는 안 되는' 이유들을 먼저 찾는다. 이래서 안 되고 저래서 안 되고, 예전에 비슷한 것을 해보았는데 '안 되었다'라는 것을 자랑거리로 삼는다. 그래서 앞으로도 '안 될 것이다'라고 결정짓는다. 이미 마음속에 안 되는 상황을 만들어놓고 진행을 하니 잘될 리가 없다.

현대그룹 정주영 회장이 한 유명한 말이 있다. "어이, 자네. 해봤어?" 이 말은 가장 그로스해커적인 말이다. 누구도 해보지 않고 안 된다고 이야기할 때, 해보고 말을 하라는 정주영 회장의 마음이 이해가 된다. 그가 우리나라 그로스해커의 원조라고 생각한다. 무에서 유를 창조하는, 어느 누구도 가보지 않은 길을 개척한 벤처 신화다.

나 역시 몸담고 있는 회사에서 새로운 아이디어가 떠오르면 직원에게 업무를 지시할 때가 있다. 그때 직원들의 눈빛을 보면 알 수 있다. 내가 지시한 사항을 한번 해보겠다는 의지가 있는지, 아니면 안 되는 이유를 찾아내서 주저앉고 싶어하는지 말이다.

무엇이 되었든 일단 시작해야 한다

그래서 요즘은 나도 새로운 업무를 지시하고는 바로 이어서 이런 식으로 말한다. "지금 이래서 안 되고, 예전에 비슷한 이것을 해보았는데 잘 안 됐어. 그러니 당연히 이것도 안 될 것이라 생각하고 있지?"라고 선수쳐서 이야기한다. 그러면 어쩔 수 없이 직원은 '되는' 방안을 찾는다.

이렇게라도 하지 않으면, '안 되는 10가지 이유를 찾기'에만 머리를 쏟고는 내게 온다. 그러고는 자신의 모습이 유능하게 보일 것이라고 생각한다. 그럴 때마다 나는 참 안타깝다. 무엇이 됐든 일단 시작해야 한다. 그것이 성공할지 실패할지는 아무도 모른다. 실행하지 않는다면 이는 성공도, 실패도 그 무엇의 기회도 없다.

예전에는 한자리에만 앉아 있어도 망하지 않는 시대였다. 그런데 이제는 다르다. 두려움에 빠져서 아무것도 하지 않으면 진짜로 '망하는' 시대가 되었다.

그로스해킹 마인드를 가지려면 둘째, 상황을 인식하고 이해할 수 있는 '분석력'이 필요하다. 실행을 하라고 해서 무턱대고 아무 생각 없이 내달리라는 이야기가 아니다. 한두 가지를 실행한 다음, 그 결과와 반응을 살피고 분석해야 한다. 그런 다음에 앞으로의 방향을 기민하게 설정하라는 것이다.

빅데이터의 시대에서 고객들의 반응과 성과들을 분석하는 일은 무척 중요하다. 이를 분석하고 인사이트를 얻을 수 있는 시대이므로 '분석'의 역량은 기업경영에서 필수다. 그래서 4차산업혁명 시대의 핵심요소는 '데이터'라고 할 수 있다.

IT 분야에서의 데이터 분석 역량을 말하는 것이 아니다. 그로스해커의 분석력이란, 현실을 직시하고 상황에 민감하며 통찰력을 바탕으로 빠르게 판단하고 움직이는 기민함을 뜻한다. 정확한 분석력을 바탕으로 판단하면서 실행한다면, '이기는 싸움, 이기는 경영'을 할 수 있을 것이다. 마치 손자병법의 "지피지기 백전불패"처럼 말이다.

그로스해커는
무엇으로 사는가?

꿈과 용기가 없다면 그로스해커가 될 수 없다. 어려움에 처한 회사나 사업을 일으킬 마지막 희망은 그로스해커로 거듭난 당신임을 잊지 말아야 한다.

우리는 모두 그로스해커가 되어야 한다. 실리콘밸리의 잘나가는 스타트업 창업가뿐 아니라, 일반 기업에 다니거나 자영업을 하는 사람들 모두 그로스해커가 되어야 살아남을 수 있다.

"성장하지 않으면 죽는다"라는 말에 공감하는가? 나는 '해커'라고 하면 영화에서 바다를 누비는 해적들이 떠오른다. 물론 해킹은 범죄행위다. 그럼에도 불가능에 도전하는 모습에 젊은이들은 열광하고, 컴퓨터를 잘하는 친구들은 해커를 꿈꾸기도 한다.

해적도 바다에서 다른 배에 실린 물건들을 약탈하고 사람을 죽이기도 하는 범죄자들이다. 그런데 영화에 등장하는 해적의 이미지는 용감하고 도전을 위해 바다에 뛰어드는 낭만적인 존재로

묘사된다. 어릴 적 만화로 보던 노르웨이의 바이킹도 해적이고, 영화 〈캐리비안의 해적〉에 나오는 배우 조니 뎁도 해적이다.

그들이 혐오스럽거나 나쁘게 느껴지지 않는 이유는 무엇일까? 비록 범죄자들이지만 우리에게 없는 용기를 가져서 그런 것이 아닐까 싶다. 예나 지금이나 바다는 두려움과 공포의 대상이다. 수평선 너머는 미지의 세계인데, 그 바다로 거침없이 항해하는 그들의 모습에 우리는 매료된다. 그들은 폭풍우가 몰아치고 풍랑이 넘치는 검은 바다로 뛰어든다. 수많은 병사가 탄 군함이 쫓아와도 두려워하지 않는다. 대포를 쏘고, 밧줄에 의지한 채 적의 배에 뛰어오른다. 칼싸움을 벌이고는 승리를 쟁취한다. 어느 누구보다 용감한 존재들이다.

무서운 실행력이 무엇보다 중요하다

용기를 가진 자들에게는 특징이 있다. 일단 무조건 해본다는 점이다. 무서운 실행력이다. 용기가 없는 사람들이 이리저리 재고 또 재다가 결국엔 아무것도 안 하고 주저앉을 때, 용감한 사람들은 일단 실행하고 본다.

모두가 두려워하는 바다에 일단 발을 담근다. 그러고는 돛을

실행하라. 분석하라. 판단하라. 그리고 성공하라.

올리고 노를 저어서 전진한다. 그러면 모든 것이 달라진다. 우리
가 모르던 것을 알게 된다. 두려움의 대상이던 괴물도 알고 보니
귀여운 돌고래였다는 것을 말이다. 그들은 거친 바람도 돛만 잘
조절하면 얼마든지 잘 다스려서 배를 앞으로 나가게 만들어주는
고마운 존재라는 것을 안다. 그런데 바다로 나가지 않으면 여전
히 두려움의 세계였을 것이다.

　실행이 중요하다. 특히 모든 것이 변하고 기존에 하던 방식이
통하지 않으면 새로운 것을 실행해봐야 한다. 그런데 늘 처음 해
보는 일은 두렵다. 괜히 돈만 쓰고 날리는 것은 아닐지, 새로운

서비스에 도전했다가 망하면 어떻게 할지 생각이 많다. 아무것도 안 하고 가만히 있으면 중간이라도 갈 텐데, 요즘 같은 불경기에 새로운 일을 시작했다가 오히려 망하는 것은 아닌지 말이다.

용기가 없는 사람들은 머릿속이 복잡하다. 반면에 실행하는 사람들은 단순하다. 그들은 "성공할 가능성도 낮고, 쉽지 않다는 것도 잘 알아. 그렇다고 시작조차 안 하면 어떻게 해? 걱정만 하고 안주하는 당신들에게 무슨 대안이 있어?"라고 말한다. 이러한 마음가짐으로 그들은 곧바로 실행한다. 아무도 뚫지 못한, 철옹성 같은 시스템에 과감히 뛰어드는 해커들처럼 말이다. 이때 기억해야 할 것이 있다. 실행이 중요하다고 해서 앞뒤 안 가리고 일만 벌이는 것은 어리석다. 반드시 분석력을 갖추어야 한다.

끊임없이 개선하고 도전한다

영화를 보면 해적들은 늘 정보에 민감하다. 새로운 미지의 세계를 꿈꾸고, 새로운 일을 구상해야 하기에 아는 것도 많다. 저 멀리 가보지 않은 나라의 사람들은 어떻게 살고, 거기서 잘나가는 권력자는 누구이며, 그곳에는 어떤 물건을 팔아야 할지 등을 늘 궁금해한다.

자기들의 공격 대상인 거대한 상선이나 군함이 언제, 어느 항에서 출발하고, 그곳에 병사들은 몇 명이고, 얼마나 싸움을 잘하는지, 그리고 배에는 무엇이 실려 있고 그 값어치는 얼마나 되는지, 어쩌면 그 배의 선장보다 더 잘 아는 것 같다.

어쩌다 보물섬 지도라도 구하면 그 싸움에 뛰어드는 수많은 적들에 대해서 알아야 하고, 보물섬 지도에 표시된 지역에 대해서 모든 것을 알아보고 준비한다. 위험요소는 무엇이고 어떻게 피해가야 하는지까지 모든 방법을 동원해서 분석한다.

그래서 '멍청한' 사람들은 결코 해적이 될 수 없다. 해커도 마찬가지다. 자신이 목표로 한 시스템을 뚫으려면 엄청난 정보를 수집하고 데이터를 분석해서 공부해야 한다. 어떤 방화벽을 쓰고 있는지, 서버들의 아키텍처는 어떻게 되어 있는지, 보안솔루션의 버전은 어떤지, IP 추적을 피하고 증거를 남기지 않으면서 시스템을 뚫으려면 어떻게 해야 하는지 등을 오랫동안 분석하고 그 답을 정리한다. 그래서 해커와 해적은 정보 분석과 데이터 수집의 달인이다. 언제나 긴장하고 주변 경계태세를 풀지 않는다.

그들은 주변을 늘 살피고 정세의 변화와 적들의 움직임에 민감하다. 자신들이 하고 있는 행동 하나하나가 나중에 증거가 되고 목숨이 달려 있으니, 늘 신중하고 상황 판단이 빠르다. 여차하면 돛을 올려 바다에서 도망가야 하고, 해커라면 시스템을 끊고

잠적해야 한다. 그러니 누구보다도 판단이 신속하다.

빅데이터의 시대에는 정보와 데이터가 넘쳐난다. 인터넷만 접속하면 우리가 알고 싶은 정보는 웬만하면 다 찾을 수 있다. 우리의 고객이 누구이고, 무엇을 언제 사는지, 어떻게 행동하고, 어떤 고객이 반복적으로 구매하는지, 어떤 고객이 떠나고 돌아오지 않았는지, 왜 이탈했는지 등을 알려준다. 사람들이 우리 회사의 제품을 어떻게 평가하고 선호하는지도 인터넷만 접속하면 쉽게 알아낼 수 있다.

그런데 문제는 많은 사람들이 이러한 정보를 활용하지 않는다는 점이다. 표면적으로는 '빅데이터'를 주장하고 강조하지만, 정작 CEO나 관리자들은 이 데이터에 별 관심이 없다. 그동안 이뤄낸 결과가 크고, 자기 고유의 성공 방식을 믿어서일까?

실제로 마케팅 실무자 역시 데이터를 잘 활용하지 않는다. 기존의 방식에 사로잡혀서 새로운 정보를 찾아보려고 하지 않는다. 게다가 새로운 분야를 공부하려고도 하지 않는다. 그저 임원이나 팀장에게 보고를 하기 위한 결과 데이터 정도만 뽑아서 볼 뿐이다.

시장을 살피고 정보를 분석하고 통찰력을 키우지 않고서는 전쟁에서 승리할 수 없다. 나는 정보 분석을 무시한 채 전쟁에서 승리했다는 장군을 들어보지 못했다. 실시간으로 정보를 파악하고 기민하게 움직이는 자만이 세상을 얻을 수 있다.

실행력과 분석력은 그로스해킹의 기본이다

그로스해킹은 '실행력'과 '분석력'이라는 2가지 기반 위에 세워진다. 어느 하나라도 부족하다면 그로스해커가 아니다. 매일 정보와 데이터를 모으고 분석만 하면서 정작 실행하지 못하고 용기를 내지 못한다면 아무것도 이루지 못한다.

반면에 용기만으로 일을 하고 열심히 달리면서, 데이터를 가지고 앞으로의 전략과 방향을 조율하고 전략적으로 가지 않는다면 지속적인 성장은 불가능하다.

그로스해커, 특히 모바일과 디지털에 기반을 둔 비즈니스를 하는 해커들은 매일매일 마케팅과 영업을 진행하고, 그 활동에 대한 고객의 반응·평가·성과들을 데이터로 분석한다. 그다음 이를 통해 무엇을 바꿔야 하고 지속해야 하는지, 상품과 서비스에 어떤 점이 부족했는지를 살피고 끊임없이 개선한다.

어쩌면 그로스해커가 되는 일이 아주 명쾌하고 쉬운 방법이기도 할 것이다. 반면에 그럴 마음이 없는 사람에게는 접근하기 어려운 복잡한 문제일 수도 있다.

이 2가지는 고정관념을 버리고 새로운 관점으로 무장하지 않으면 불가능하다. 그래서 실리콘밸리에서 자주 쓰이는 그로스해커의 의미는 "창의적이고 남들이 생각해내지 못한 방법으로 어떤 문제에 관해 해결책을 찾는 인재"다.

과연 나는 '그로스해커 인재'라고 불릴 만한가? 그저 현재의 어려움을 받아들이고, 내 한계를 인정한 채 주저앉아서 도태될 것인가? 아니면 그로스해커라고 자신을 명명하고 새로운 일에 도전해볼 것인가? 지금 이 순간의 선택과 결단이 미래를 결정지을 것이다.

중국 무협영화에서 산속에 숨어 사는 '무협의 신'에게 권법을 배우는 것처럼, '경영의 신'이 있다면 우리는 무엇을 물어봐야 할까? "우리가 처한 어려운 상황에서 무엇을 해야 할까요?"라는 질문에 경영의 신은 씩 웃으며 이렇게 말할 것이다. "그로스해킹을 하세요."

지금 당장 먹고살기에 바빠서 이 말이 와닿지 않을 사람도 있을 것이다. 그런데 그로스해킹의 현 상황을 극복하려는 절실함을 가진 기업, 그리고 개인 모두가 받아들여야 하는 생존 전략임을 잊지 말아야 한다.

역사의 그로스해커,
포르투갈과 네덜란드의 경쟁

포르투갈과 네덜란드는 특유의 순발력과 창의적인 아이디어로 경쟁 국가를 따돌렸다. 이는 벤처기업과 중소기업들이 배워야 할 그로스해킹의 전형이다.

수천 년의 인류 역사를 보면 오래전에는 동서양의 격차가 거의 없었다. 동서양이 분리되어 살아가는 동안 유럽국가들은 수많은 제국들과 강대국을 중심으로 다양한 자신들의 역사를 만들었고 동양도 중국과 인도라는 거대한 제국을 중심으로 번성해갔다. 이들의 군사력, 경제력, 문화, 종교 등은 결코 서양에 비해서 뒤처지지 않았다.

유럽과 아시아의 경계에 있던 이란, 터키, 그리고 소아시아의 나라들은 어떠했을까? 페르시아 제국과 오스만 제국 등 강력한 아시아 제국을 이루면서 문화적 측면에서 유럽의 국가들을 강력하게 압도했다.

12세기 몽골 제국은 아시아의 동쪽 끝에서 유럽의 서쪽 끝까지를 아우르면서 세계를 압도했다. 앞서 살펴본 바와 같이 유럽을 공포로 몰아넣은 전대미문의 강력한 제국이었다.

그런데 어느 순간부터 유럽 국가들은 지속적으로 발전하는 반면에 아시아 국가들은 발전 속도가 더뎠다. 급기야는 16세기 이후, 유럽 국가들의 식민지로 전락했고 국민들은 노예 취급을 받게 되었다.

16세기, 서양과 동양의 운명이 갈리다

무엇이 이 차이를 만들어냈을까? 어떻게 유럽의 국가들은 신대륙을 발견해서 독차지하고, 식민지를 점령했을까? 아시아의 국가들은 왜 서양의 침략에 속수무책으로 당했을까? 많은 사람들은 동서양의 운명이 갈리게 된 시점을 16세기로 본다. 이 시기의 유럽을 단적으로 설명하는 단어가 바로 '르네상스'와 '대항해 시대'이다.

르네상스는 유럽인들을 천 년이 넘도록 사람들을 억압하던 종교에서 해방되어 인간이 신보다 더 중요하다는 본질을 깨닫게 만든다. 이는 곧 계몽주의의 시대를 알렸다. 그리고 대항해 시대에는 유럽이라는 좁은 대륙에서 벗어나 새로운 곳을 탐험하고 신대륙을 발견하는 시기였다.

이 둘의 공통점은 기존의 사고와 틀에서 벗어나 새로운 관점으로 세상을 보게 되었다는 점이다. 신을 위해서만 사는 것이 아니라 인간의 행복이 중요하다는 사실을 깨달았고, 바다 끝은 낭떠러지가 아니라 새로운 땅이 있다는 것을 말이다. 아메리카, 인도, 중국 등 자신들에게 부를 가져다줄 금과 은, 향신료 등이 풍부한 곳이 있다는 것을 깨달았다. 그러자 너도나도 배를 타고서 미지의 대륙으로 모험을 떠났다.

유럽이 훨훨 나는 동안에 아시아 국가들은 어떠했을까? 오랫동안 전해 내려오는 유교사상을 이어갔고, 자기 이득만 챙기느라 당파싸움을 계속했다. 그들은 다른 곳에 관심을 두지 않고 서로 죽고 죽이는 데만 온 에너지를 쏟았다.

오랫동안 중국은 아라비아, 인도 등과 무역을 하면서 세상에 대한 이야기를 전해듣고 배를 타고 세상을 돌아보기도 했다. 그러나 어떤 이유인지 모르겠지만 명나라 영락제 시대 유명한 정화의 대항해 이후 해금조치가 내려지면서 어느 누구도 먼 바다로 배를 타고 나갈 수 없었다. 오늘날의 현실에 비추어보면 참으로 어처구니없는 이야기다.

포르투갈과 네덜란드는 벤처기업이다

16세기의 유럽 국가들이 바다를 넘어 새로운 세계로 진출할 때 눈에 띄는 두 나라가 있다. 바로 포르투갈과 네덜란드이다. 두 나라는 공통점이 많다. 당시의 강대국이던 스페인, 프랑스, 독일과 비교하면 면적도 작고 인구도 적었다. 포르투갈은 유럽의 서쪽 끝, 네덜란드는 유럽의 북쪽 끝에 위치한 변두리 국가였다. 그리고 당시 스페인의 속국이기도 했다.

포르투갈은 스페인에 접해 있다. 오랫동안 스페인 왕이 포르투갈의 왕도 겸했고, 시시때때로 참견하고 억압했다. 네덜란드는 스페인과는 거리상 멀었지만, 스페인은 합스부르크 왕가를 통해 네덜란드를 지배했다.

스페인의 간섭 아래, 왕가의 명맥만 유지하던 나라에 새로운 기회가 찾아왔다. 유럽이라는 울타리 안에서는 강대국들의 힘에 눌려 기를 못 썼는데, 배를 타고 새로운 세계를 개척할 수만 있다면 이는 전혀 다른 이야기가 되는 것이다. 이미 유럽의 맹주로 기득권을 가진 스페인, 프랑스, 독일 등은 얽히고설킨 문제들과 명분 때문에 새로운 세계를 보지 못했다. 그사이 포르투갈과 네덜란드는 재빠르게 바다 너머로 눈을 돌렸다.

남들보다 먼저 아메리카 대륙을 발견하고 이를 차지한 스페인은 엄청난 부를 얻게 된다. 하지만 이것이 끝이었다. 더이상 새로운 세계를 찾아볼 이유가 없어서였다. 오히려 유럽 최고의 왕가와 로마 가톨릭의 맹주로서의 권위와 명분을 지키느라 유럽 전역을 헤집고 다녔다. 간섭과 전쟁을 하기 위해, 막대한 부를 탕진하느라 정신을 차리지 못했다.

이미 유럽의 노른자위 땅을 차지한 프랑스도 굳이 새로운 세상으로 나아갈 이유가 없었다. 서로마 제국을 멸망시킨 게르만족의 후예인 독일도 로마 제국의 혈통을 잇는 신성로마제국으로의 위상에 만족했기에, 굳이 배를 타고 멀리 나갈 이유가 없었다.

현시대의 기업과 비즈니스의 세계로 비유하자면 스페인, 프랑스, 독일은 엄청난 규모를 자랑하는 대기업인 셈이다. 이미 성공신화를 썼기에 성장해야겠다는 절실함은 없었다. 그저 현재의 위상과 매출만 유지한다면 그만이었다. 생각의 방향이 새로운 사업과 지금까지 없던 방식을 통해 성장을 꾀하는 것이 아니라, 지금 정도의 성장과 위치만 유지하면 되었다. 단지 지금보다 하락하지만 않으면 되었다. 이미 가지고 있는 것이 너무나 많았기 때문이다.

사람들의 생각은 자만심과 경직된 사고로 변했고, 과거에 성공했던 방식이 최고라고 믿었다. 그래서 몇몇 사람들이 다른 생각을 가지고 있더라도 조언하지 않았다. 말했다가 괜히 찍힐까봐 두려웠던 것이다.

포르투갈과 네덜란드는 벤처기업에 빗댈 수 있다. 대기업에 비해 가진 것이 많지 않았다. 변두리의 척박한 땅에 살면서 간섭과 억압만 받았다. 새로운 시도를 하려고 해도 대기업에 휘둘리거나 횡포 때문에 길이 막혔다. 그래서 더이상 대기업들이 차지하고 있는 영역에서는 먹고살 수가 없었다.

이럴수록 대기업보다 더 머리를 쓰고 몸을 움직여야 한다. 절실한 마음으로 새로운 무엇인가를 하지 않으면 살아남을 수 없다. 그래서 포르투갈과 네덜란드가 찾아낸 블루오션의 비즈니스가 있었으니, 바로 대항해를 통한 아시아 진출이다.

당시 유럽에서 배를 타고 멀리 나가 새로운 세계를 개척한다고 하면, 두 방향이 존재했다. 하나는 아메리카 신대륙이고, 다른 하나는 아시아 대륙이다. 그런데 아메리카 신대륙은 이미 스페인이 선점했기에 함부로 기웃거릴 수 없었다. 포르투갈도 신대륙 발견 초기에 남아메리카에 진출해 지금의 브라질을 차지했지만, 더이상의 확장은 어려웠다.

그래서 어쩔 수 없이 택한 것이 바로 아시아 진출이었다. 항로를 개척하고 인도나 중국에 근거지를 확보해 독점 무역만 할 수 있다면, 더 큰 수익을 창출할 기회가 있었다.

유럽에서 인도나 중국으로 가려면 아프리카 대륙의 끝을 돌아야 한다. 그런 다음 인도양을 건너야 한다. 대서양을 건너는 아메리카로의 여정보다 무려 3배는 더 먼 거리였다. 그리고 가는 중간에는 이슬람 국가들이 있었기에 언제 공격을 받을지 몰랐다.

인도와 중국에 다다르더라도 그들은 호락호락하지 않았다. 이미 해양을 봉쇄해 쇄국정책을 펼치던 중국은 항해하던 배들이 잠깐 항구에 상륙하는 것조차 허락하지 않았다.

포르투갈과 네덜란드는 전투를 통해 밀고 들어가는 방법밖에는 없었다. 진지를 구축하고 총과 대포로 위협해서 억지로 무역을 하자고 떼를 쓰는 수밖에 없었다. 험난한 과정이었지만 대기업 국가들이 차지하지 않은 새로운 사업영역을 개척한 포르투갈과 네덜란드는 이를 통해 많은 수익을 내는, 성공한 벤처기업 국가가 되었다. 이를 통해 스페인, 프랑스, 독일에 결코 뒤지지 않는 강력한 대기업 국가로 부상했다.

포르투갈이 먼저 치고 나가다

벤처국가로 먼저 한 발 앞선 국가는 포르투갈이었다. 포르투갈은 스페인의 콜럼버스가 아메리카를 발견하는 것을 옆에서 지켜보며 자극을 받았다. 포르투갈은 길을 달리했을 뿐이었다. 아메리

목표를 이루겠다는 절실함은 길을 만들어 결국 성공시킨다. 당신의 항로를 개척하라.

카가 아닌 아시아로 가는 길을 개척했다는 점에서 말이다.

　포르투갈의 영웅, 바스쿠 다 가마(Vasco da Gama)가 1497년에 아프리카의 최남단 희망봉을 돌아 인도로 가는 항로를 개척했다. 그러면서 포르투갈은 유럽에서 떠오르는 벤처국가가 되었다.

　인도의 코친(Cochin)이라는 도시에 최초의 요새를 건설하고 총독을 파견했다. 이를 시작으로 아시아 곳곳에 포르투갈의 깃발을 꽂았다. 이어서 오랫동안 인도의 무역거점이라 불리던 고아(Goa)라는 도시를 정복하고, 본격적으로 동방무역을 시작했다. 그 결과 아메리카 대륙을 차지한 스페인보다 더 수익성 높은 사업자로 우뚝 서게 되었다.

고아를 정복한 이후, 포르투갈의 항해자이자 인도 총독인 알부케르크(Albuquerque)는 동쪽으로 배를 돌렸다. 그러고는 지금의 말레이 반도 남단의 말라카(Malacca)에 상륙했다. 말라카는 금과 은보다도 더 비싸게 팔린 향신료를 무역하던 곳이었다.

말라카를 점령한 알부케르크는 향신료 재배지인 몰루카로 배를 돌렸다. 유럽에서 떼돈을 벌어줄 향신료를 무한대로 생산할 수 있는 황금의 땅을 차지한 셈이다. 인도와 말레이시아를 차지한 포르투갈은 중국까지 진출해 마카오를 점령하고, 나아가 인도차이나반도와 필리핀에 이르는 동남아시아 대부분의 국가에 진출한다.

이로써 포르투갈은 유럽을 상대로 한 동방무역을 독점 할 수 있는 진지를 구축하고, 가장 앞서가는 유럽의 벤처국가가 되었다. 스페인, 프랑스, 독일 등과 어깨를 나란히 하는 강력한 국가가 된 것이다.

네덜란드가 그 뒤를 쫓다

포르투갈의 뒤를 이어 아시아 항로에 뛰어든 나라는 네덜란드였다. 프랑스 북부에 위치한 가난한 나라, 네덜란드가 먹고살기 위해 선택한 방법은 포르투갈처럼 배를 타고 먼 곳으로 나가는 것이었다.

네덜란드는 포르투갈이 이미 개척한 항로를 뒤따르면서 인도에 다다랐다. 그러고는 아시아 무역의 맛을 보았고, 1601년부터 1622년까지 고아, 마카오, 말라카 등을 빼앗기 위해 지속적으로 포르투갈에 도전했다.

특히 마카오를 빼앗기 위해 집요하게 공격했다. 그런데 포르투갈이 목숨을 걸고 끝까지 지켜내자 포기할 수밖에 없었다. 네덜란드는 대만과 인도네시아를 점령한 뒤 식민지로 만들었고, 포르투갈에 이어 유럽에 양질의 향신료를 지속적으로 가져오면서 포르투갈의 경쟁국이 되었다.

후발주자였던 네덜란드는 대항해를 통한 무역 비즈니스를 혁신적으로 성장시키고자 주식을 발행하는 최초의 유한회사를 설립했다. 충분한 자원을 가진 왕실을 중심으로 아시아 무역을 하던 포르투갈과는 달리, 네덜란드는 강력한 군주는 없었지만 중상주의를 통해 부를 쌓아온 길드(guild) 세력들이 있었다.

아시아의 무역 비즈니스는 많은 배가 필요하고, 선원들을 한번 고용해서 항해를 떠나면 향신료와 보물을 싣고 오기에 시간이 오래 걸리는 사업이었다. 또한 폭풍을 만나거나 적국의 공격, 선원의 반란 등의 이유로 실패할 위험도 높았다.

이에 각자의 리스크를 줄이고 단기간에 많은 자본을 확보해서 포르투갈이 앞서가던 비즈니스를 따라가기 위해 1602년 세계 최초로 동인도회사를 만들고 주주를 모집했다. 귀족과 길드 상인들이 주주로 참여했고, 1610년 최초로 주식 수익 배당이 있었다.

배당은 당시 금보다도 더 귀한 향신료로 이루어졌는데, 투자금의 132%에 달하는 고배당으로 사람들은 열광했다. 그러다 보니 너도나도 돈을 들고 동인도회사로 줄을 이었다. 충분한 자본으로 무장한 동인도회사의 네덜란드는 그 돈으로 더 많은 배를 만들었다. 그리고 군인과 선원을 고용하고, 포르투갈의 뒤를 이어서 아시아를 점령할 수 있었다.

포르투갈과 네덜란드는 역사의 그로스해커다

16세기의 포르투갈과 네덜란드는 역사의 그로스해커다. 척박하고 가난한 나라의 한계를 벗어나고자 거침없이 나아갔다. 강대국이자 대기업이던 스페인, 프랑스, 독일 등의 틈바구니에서 어떻게든 강하고 부자인 나라를 만들고자 했다.

향신료 무역이라는 블루오션 사업의 가능성을 발견하고는 인도와 중국으로 가는 항로를 찾아냈다. 그들은 적국들의 방해를 이겨내고 현지인들의 공격을 막아내면서 어떻게든 향신료를 배에 가득 싣고 돌아와야 했는데, 그 '절실함'을 가진 그로스해커 국가였던 것이다.

다른 부강한 나라들은 기존의 사업영역, 즉 유럽이라는 한정된 땅덩어리에서 서로의 땅을 뺏고 뺏기는 한계 사업에 몰두했다. 그런데 그들은 "무조건 먼저 저지르고 본다"는 그로스해커의 실행력과 분석력을 통해 아프리카를 돌아가면 인도로 가는 뱃길이 열릴 것이라고 결론을 냈다. 그리고 중국에서는 어떻게 명나라와 협상해서 항구를 열도록 할지, 역량을 집중해 사업을 대박으로 이끌어냈다.

또한 더욱 빠르고 지속적으로 성장하기 위해서는 초기 자본이 중요하다. 이 초기 자본을 쉽게 확보하고자 고민한 것이 바로 주식을 발행하는 유한회사 제도였다. 창의적인 아이디어였다.

벤처기업인 포르투갈과 네덜란드가 말 그대로 '대박사업'의 시대를 열자 프랑스, 스페인, 영국 등도 뒤를 이었다. 아시아 국가에 진출하거나 식민지를 쟁탈하기 위해 전쟁이 벌어졌다. 그런데 포르투갈과 네덜란드가 쥔 기득권은 꽤 오랫동안 지속되었다.

두 그로스해커 나라들이 아시아의 빗장을 열면서 유럽 제국들이 밀려왔다. 그러면서 대부분의 아시아 국가들은 그들의 식민지가 되거나 노예로 전락했다. 유럽 제국과 아시아 나라들의 운명이 엇갈린 것처럼, 국가든 기업이든 지도자들의 관점에 따라 흥망성쇠가 갈린다. 이는 오늘날 비즈니스의 세계에서도 늘 일어나는 일이다.

참으로 안타깝다. 16세기 아시아에 포르투갈과 네덜란드 사람들이 가졌던 그로스해킹 마인드와 해커 정신을 가진 리더들이 우리 조선에도 있었다면 얼마나 좋았을까? 그렇다면 우리나라의 역사는 분명히 달라졌을 텐데 말이다.

실패할 수 있는 자유,
페이스북의 마크 저커버그

마크 저커버그는 무기력한 우리에게 "이제는 일어나서 무엇이든 해보라"며 어깨를 두드린다.

세계적으로 성공한 벤처기업들을 보면 한 가지 공통점이 있다. 바로 벤처기업 창업자들이 평범한 사람들과는 차원이 다른 '절실함'이 있었다는 점이다. 애플의 스티브 잡스가 그랬고, 마이크로소프트의 빌 게이츠가 그랬다.

이들을 뒤따르는 인물이 또 한 명 있다. 바로 페이스북의 마크 저커버그다. 그는 타고난 그로스해커다. 그 역시 자신을 늘 해커라고 지칭했다. 그러면서 페이스북의 변화와 혁신을 이끌었다. 페이스북은 그의 해커 정신을 기리기 위해 페이스북 회사 주소를 '1해커 웨이(1Hacker Way)'로 명명했다.

페이스북은 약 17억 명이 이용하는 소셜 네트워크 서비스다.

15년 전에 하버드대학교에서 학생들과 소통하고 관계를 맺기 위해 시작한 것이 지금은 어마어마하게 성장했다. 전 세계 인구의 1/3이 사용할 정도로 성장한 것이다.

많은 사람들이 마크 저커버그를 "현대판 칭기즈 칸"이라고 평가한다. 가장 넓은 땅을 정복하고 지배했던 몽골 제국의 칭기즈 칸처럼, 페이스북은 인류 역사상 가장 많은 사람들이 사용하는 소셜 네트워크 서비스, 즉 페이스북 제국을 만들었다.

마크 저커버그는 타고난 그로스해커다

사람들은 페이스북을 통해 타인과 연결되고 먼 곳에 있는 사람들의 소식도 듣는다. 자연스럽게 친구가 되고, 한 번도 만나지 못한 사람들과도 친구가 된다. 그들이 올린 글이나 사진이 마음에 들면 '좋아요' 아이콘을 눌러서 소통한다.

밀레니엄 세대는 부모나 형제보다도 페이스북을 통해 만난 사람들과 더 감정적으로 교감하고, 더 많은 정보들을 공유한다. 물론 이전에도 비슷한 웹사이트가 있었지만, 페이스북처럼 심플하면서도 완성도가 있지는 않았다. 마크 저커버그의 해커 정신이 없었다면 페이스북의 성공은 쉽지 않았을 것이다.

실리콘밸리의 페이스북 본사 주소는 '1 Hacker Way'다. 해커가, 그로스해커가 되어라.

그가 페이스북을 시작하게 된 아이디어는 하버드대학교에서 윙클보스(Winklevoss) 형제와 '하버드 커넥션'이라는 사이트를 준비하면서 얻은 것이다. 물론 그들의 아이디어는 현재 수준에 비하면 아주 단순한 모습이었지만, 마크 저커버그에게 페이스북에 대한 씨앗을 뿌려주는 역할을 한 것은 분명해 보인다.

그 작은 시작을 빠른 속도로 구현해낸 인물이 마크 저커버그였다. 다른 사람들은 말로만 이야기하고 미적거리거나 고민했다. 그사이에 마크는 컴퓨터에 앉아서 순식간에 구현해냈다. 물론 그의 프로그래머로서의 천재성이 발휘되었을 것이다. 하지만 그게 전부만은 아니라는 것이다. 아이디어가 있고 가능성만 파악한다면, 실행부터 해야 한다. 그 해커 정신이 마크에게는 있었다.

해커로서의 면모는 2006년도에 나타난다. 가입자 800만 명, 매출 3천만 달러, 수익 0원이었을 때였다. 야후가 페이스북을 10억 달러, 한국 돈으로 1조 2천억 원이라는 거금을 들여 인수 제의를 했다. 그런데 마크 저커버그는 거절했다.

초기에 엔젤투자(개인들이 돈을 모아 창업하는 벤처기업에 필요한 자금을 대고 주식으로 그 대가를 받는 투자형태)를 했던 피터 틸(Peter Thiel)을 비롯한 페이스북 직원들은 난리가 났다. 그런 거금을 마크 저커버그가 받으면 매각을 하고 그다음부터 편하게 즐기면서 살 줄 알았는데, 수익은 0이고 앞으로 페이스북이 어찌될지 조금씩 불안해지기 시작할 때 찾아온 기회를 걷어찼기 때문이다.

피터 틸은 마크를 여러 번 설득도 하고 회유도 했지만, 그의 결정을 바꿀 수는 없었다. 일부 임원들은 독불장군 같은 CEO와는 일을 하지 못하겠다며 떠나겠다고 협박도 했다. 실제로 일부 직원은 회사를 떠나기도 했다.

그런데 마크 저커버그는 동요하지 않고 이렇게 말했다. "나는 돈을 벌려고 페이스북을 만든 것이 아니야. 난 전 세계 사람들을 다 연결해보고 싶어. '소셜 네트워크'라는 나의 사명을 이루고 싶어. 돈은 그 다음의 문제야." 피터 틸은 이 말에 설득하는 것을 포기하고 마크의 주장에 수긍했다.

훗날 인터뷰를 본 적이 있다. "인생을 살면서 가장 스트레스를 받고 힘들었던 때가 언제였는가?"라는 질문에 대범해 보이던 마크 저커버그는 "야후가 10억 달러에 인수 제의를 해왔을 때"라고 대답했다. 당시에 고민이 되긴 했던 모양이다.

현재 페이스북은 시가총액이 600조 원을 훌쩍 넘겼다. 아마도 그 당시에 사표를 내고 회사를 떠났던 임직원들은 지금쯤 땅을 치며 후회하고 있지 않을까?

당신이 진짜 하고 싶은 것을 한다면, 모든 것은 쉬워진다

우리가 하고 있는 일이 진정으로 하고 싶은 일일까? 물론 그런 사람도 있을 것이고, 아닌 사람도 있을 것이다. 만약 잘 모르겠다는 생각이 든다면 솔루션은 간단하다. 지금 당장 하던 일을 그만두고, 하고 싶은 일을 찾아 집중하라.

마크 저커버그는 소셜 네트워크 서비스를 활용해 전 세계 사람들을 연결시키는 일이 가장 하고 싶던 일이었다. 그래서 그 목표에 집중했고 끝내 이루어냈다. 어떠한 일이 자기에게 주어진 사명이라고 생각한다면, 간절한 마음과 절실함이 생긴다. 무슨 일이 있더라도 꼭 이뤄내겠다는 마음 말이다. 그 마음이 생기면 다른 어떠한 어려움이 찾아와도 포기하게 만들 수 없다.

2017년 하버드대학교 졸업식에서 마크 저커버그가 졸업연설을 했다. 이 연설은 스탠퍼드대학교에서 연설한 스티브 잡스의 연설과 더불어 젊은이에게 큰 울림을 주는 연설로 회자되고 있다.

연설의 전체적인 이야기는 그로스해커로서 마크 저커버그가 생각하는, "누구나 진짜 하고 싶고 절실한 사명을 가진 일에 도전하고 부딪쳐보라"는 것이 핵심이다. 그중에서 가장 인상적인 5가지 말을 정리하면 다음과 같다.

- 최고의 성공은 실패할 수 있는 자유가 있을 때 찾아온다.
- 완성된 아이디어란 없다. 다만 실행에 옮겼을 때 명료해진다.
- 부정적인 것만을 보고 말하며 정체된 삶을 산다면, 실패는 보장된 것이다.
- 혁신이란 획기적인 아이디어를 가지고 있는 것이 아니라, 더 많은 시도를 하는 것이다.
- 참된 학습이란 실패를 통해 배우는 것이다. 시도하지 않으면 학습은 없다.

이 중에서 그로스해커적인 명언이 있다. "완성된 아이디어란 없다. 다만 실행에 옮겼을 때 명료해진다"와 "혁신이란 획기적인 아이디어를 가지고 있는 것이 아니라, 더 많은 시도를 하는 것이다"라는 명언이다. 이 두 명언이 내 마음에 울림을 주었다.

그로스해커는 다른 사람들이 더 많은 아이디어를 찾고 그 아이디어가 되니 안 되니 말만 하고 있을 때 실행하는 사람이다. 실행하지 않고서 그 아이디어가 맞는지 아닌지는 아무도 모른다.

이때 중요한 것은 무조건 실행하는 것이 아니라, 절실한 마음으로 되게끔 실행해야 한다는 것이다. 실행하는 시늉만 해서는 안 된다. 처음 생각했던 방향이 잘 들어맞지 않으면 그 이유가 무엇인지 끊임없이 분석하고 연구해서 되게끔 실행해야 한다. 그러다 보면 처음에 생각했던 것과 다른 결과가 나올 수 있다. 하지만 그렇게 해야 한다. 그래야 모든 것이 명료해지기 때문이다.

실패할 수 있는 자유

기업의 CEO나 리더들은 직원들에게 혁신을 강조한다. 교육을 하거나 혁신 조직을 구성한다. 그런데 아무런 변화가 일어나지 않는다. 왜 그럴까?

혁신을 하라고 말만 할 뿐, 실제는 다르기 때문이다. 한 직원이 정말로 해보지 않은 새로운 일을 시도한다고 하면, 리더들은 대개 이렇게 이야기한다. "그렇게 하다가 망치면 당신이 책임질 건가? 누가 그런 일을 하래? 혁신을 하란 말이야."

그들은 혁신이란 단어를 입에 달고 사는데, 도통 그 의미가 무엇인지는 모르는 것 같다. 알고 싶어하지도 않는다. 그저 남들이 중요하다고 하니까 하는 소리 같다. 상사뿐만 아니다. 주위의 동료들조차 누군가가 새로운 일에 도전하려고 하면, "오버하지 마. 그런다고 누가 알아줘? 너 때문에 업무만 늘었잖아"라고 한다.

페이스북에서도 이런 반응이 없지는 않았을 것이다. 그럼에도 대다수의 사람들은 끊임없이 시도하고 도전했다. 실패를 바탕으로 성공을 했고, 이를 목적으로 연결시켜 절실함의 에너지를 만들어냈다. 그 결과 지금의 페이스북으로 거듭났다. 그래서 마크 저커버그가 했던 말, "최고의 성공은 실패할 수 있는 자유가 있을 때 찾아온다"는 의미를 만들어냈다.

혁신과 도전을 강조하면서도 '실패하면 안 된다'는 잠재적인 인식은 위선적인 일이다. 인생을 살면서 한 번도 실패하지 않은 사람은 없다. 이 강박관념은 사람을 경직되게 만들어서 아무 일도 할 수 없게 만들기 때문에 지양해야 한다.

'실패할 수 있는 자유', 참 멋진 말이다. 그로스해커는 자유로운 사람이다. 멋진 해적의 모습은 바다를 자유롭게 누비는 사람이지, 경직된 군대의 병사들처럼 명령에만 얽매이는 사람들이 아니다.

나도 마크 저커버그처럼 실패할 수 있는 자유를 가지고 있다고 믿는다. 비록 월급을 받는 직장인이지만, 나는 끊임없이 시도하고 도전하고 있다. 앞으로도 그럴 것이다. 그 과정에서 크고 작은 실패를 경험할 것이다. 그럼에도 그로스해커 정신이 우리 회사를 더욱 견고하고 강하게 만들 것이라 믿는다.

잽 경영과 내진설계가 일품이다,
LG생활건강 차석용

LG생활건강은 어려운 상황에도 역대 최대의 영업이익을 달성했다. 타고난 그로스해커, 차석용이 지니고 있는 비결을 살펴보자.

그로스해킹이나 실리콘밸리의 성공 스토리를 말하면 사람들의 반응은 비슷하다. "그거야 미국이니까 가능한 이야기지. 우리 같은 회사는 어떻게 하라고?"

IT나 기술을 기반으로 하는 기업이 아니고서는 일반 기업들에게 드라마틱한 성장의 시대는 이미 끝나간 듯하다. 중소기업은 획기적인 상품이나 서비스를 만들어서 고객이 확보되면 일명 '대박'을 칠 수 있다.

하지만 대기업은 웬만해서는 만족할 만한 수준의 성장을 도모하기가 어렵다. 치열한 기업 간 경쟁, 정부의 규제, 시장의 견제 등 성장을 방해하는 요소가 많기 때문이다.

그런데 이를 이겨내고 경이로운 성장을 이루어낸 기업이 있다. 바로 LG생활건강이다. LG생활건강은 벤처기업도, IT를 기반으로 한 스타트업 기업도 아니다. 이미 수십 년 된 업력을 가진, 그것도 전통적인 굴뚝산업이라 불리는 화장품, 생활용품, 음료 등의 사업을 하는 기업이다. 그럼에도 나는 이 회사를 "그로스해커가 이끄는, 가장 혁신적인 그로스머신을 장착한 기업"이라고 말하고 싶다.

우리나라의 가장 대표적인 그로스해커가 이끌다

2001년에 LG화학에서 분리된 LG생활건강은 매출 1조 2천억 원, 영업이익 1천억 원 수준이었다. 실적이 하향세로 꺾이면서 매년 매출이 5%씩 줄어들었다. 급기야 2003~2004년에는 구조조정 이야기가 나올 만큼 심각한 상황에 이르렀다. 그러다가 2004년 12월, '차석용'이라는 새로운 CEO가 부임한다. 외부 인사를 사장으로 영입하는 것은 LG그룹 내에서는 매우 드문 일이었다.

차석용 부회장은 미국 P&G에서 직장생활을 시작해 P&G쌍용제지 사장, P&G한국 총괄사장을 거쳐 해태제과의 사장을 역임했다. 그는 해태제과를 1년 만에 기사회생시키고 신제품을 연거푸 성공시켰다.

2004년의 LG생활건강 매출은 1조 원, 영업이익은 600억 원 수준이었다. 그런데 지금의 수치를 보면 놀랍다. 2019년 기준으로 매출 7조 6,854억 원, 영업이익 1조 1,764억 원을 기록했다. 완전히 새로운 기업으로 거듭난 셈이다. 게다가 기업 시가총액이 22조 3천억 원으로 엄청난 성과를 이루었다.

2004년에서 2019년까지 15년이라는 세월이 흘렀다. 우리나라의 경제 규모도 성장했고, 특히 한류의 영향으로 국내 화장품 시장은 비약적으로 성장했다. 그럼에도 모든 기업들이 LG생활건강 같은 실적을 보인 것은 아니었다. 오히려 잘나가다가 위기에 빠져 사라진 화장품 기업들이 많다.

매출이 1조원에서 7조 6,854억으로 15년 만에 670% 넘게 성장했다. 수치상 매년 45%씩 지속적으로 성장을 한 셈이다. 과연 이 수치가 가능할까? 단순한 오가닉(organic) 성장 외에 30건이 넘는 M&A를 통해 만든 결과이지만. 이렇게 지속적으로 성장한다는 것은 쉽지 않은 일이다.

일반적으로 매출 1조 원이 넘는 대기업이라면 기대하는 연 성장률이 10%를 넘지 않는다. 그 이상으로 달리면 다음 해를 걱정한다. 오히려 CEO 레벨에서 성장률을 조정한다. 굳이 모험을 하려고 하지 않는다.

10% 이상의 성장을 이루어낸다는 것은 업계 평균 이상의 성

과를 내고 있다는 뜻이다. 괜히 더 큰 욕심을 부려서 신사업이나 신상품에 승부를 걸었다가 혹은 M&A로 새로운 사업을 인수했다가 안 풀리면 그 책임은 고스란히 CEO와 담당 임원에게로 돌아간다.

매체에서 'M&A의 저주' 이야기를 종종 볼 수 있다. 한류 열풍에 발맞추어 너도나도 해외에 진출한 기업들은 막대한 손실을 입기도 했다. 그러니 리더들은 두려울 수밖에 없고, 새로운 성장 기반을 만드는 일에 소극적이었다. 지금하고 있는 사업에서 경쟁사들과 마켓셰어(Market Share) 싸움으로 "제 살 깎아먹기"에 몰입하기 십상이다.

하지만 차석용 부회장은 LG생활건강을 뒤집어엎었고, 기록적인 성장을 이루어냈다. 그는 타고난 그로스해커다. 어떻게 해서든 기업을 끊임없이 성장시키기 위해 노력했고, 그 결과를 직원과 함께 나누겠다는 절실한 사명감으로 이루어냈다.

지속적인 성장을 위해 도전을 외면하지 않는다

CEO로서 놀라운 성장을 이루었으면 만족할 법도 한데, 그는 멈추지 않고 신사업을 기획한다. 이제는 한 차원 높은 지속적인 성

수단과 방법을 가리지 않고 성장의 기반을 만들다. 기민하게 움직여 시장을 흔들어놓다.

장을 위해 미국이나 일본 등 선진국 해외시장을 개척하고자 준비하고 있다.

소비와 경기가 침체되고 성장 엔진이 멈춘 국내에서 벗어나 글로벌 시장으로 나가는 것은 당연한 일 같지만, 이에는 엄청난 리스크가 따른다. 특히 화장품과 생활용품처럼 해당 국가의 문화나 생활습관이 반영된 아이템들을 다루는 일은 더더욱 어렵다.

차석용 부회장은 미국에서 대학을 나오고 직장생활도 미국에서 했다. 게다가 회계학과 법학을 전공한 CPA 출신이기에 미국, 일본, 중국의 기업을 인수하고 투자하는 데 상대적으로 부담을 덜 느낄 것이다. 그럼에도 한 기업에서 15년간 CEO의 자리를 유지하고 도전을 게을리하지 않는 그를 보면 참으로 놀랍다.

나는 차석용 부회장을 업무상 여러 번 만난 적이 있다. 성장을 만들어내는 그에 대한 명성을 알고 있었기에, 그의 말 한마디에 귀를 기울였다. 물론 업무상의 미팅이나 식사자리였지만, 확실히 그의 눈빛은 남달랐다.

마케팅 학계의 거장이라 불리는 홍성태 교수의 책 『그로잉 업』을 보면 차석용 부회장에 대한 인터뷰가 나온다. 나는 오래 기다려온 책이라 출간되자마자 사서 단번에 읽었다. 그러고는 여러 번 반복해서 읽었다. 차석용 부회장이 갖고 있는 전략과 비밀스러운 능력이 있으리라고 보고 그 능력을 배우고 싶어서였다.

책을 읽고 나니 복잡한 마음이 들었다. 책에서 이야기하는 결론은 "수단과 방법을 가리지 않고 성장의 기반을 만드는, 그로스해커로서의 차석용 부회장은 결국은 기본을 지키는 CEO"라는 것이었다.

수능 만점자의 인터뷰를 볼 때면 그들은 공부비법을 이렇게 말했다. "늘 교과서에 충실했고, 학교에서 가르치는 대로 공부했어요." 책을 읽고 난 뒤의 소감도 이와 비슷한 느낌이었다. 그럼에도 차석용 부회장이 어떻게 성공했는지, 특별한 비결은 무엇인지 저자가 여러차례 물어봤지만 그의 대답은 이랬다. "성실하게 경영했습니다"라고 말이다. 물론 그도 이런 대답에 다들 웃을 것임을 알지만, 그것이 사실이라고 하니 할 말은 없었다.

절박함과 절실함이 중요하다

그럼에도 대답의 이면을 들여다보자. 그가 성공할 수 있었던 첫 번째 키워드는 바로 '잽 경영'이다. 역시나 그로스해커다운 이야기다.

권투는 끊임없이 움직여야 하고 상대에게 빈틈을 주어서는 안 된다. 그래서 여러 번 잽을 날리며 상대를 지치게 만들어야 한다. 그러다가 적절한 타이밍에 타격점을 찾아 한 방을 날려야 한다. 그는 권투선수처럼 기민하게 움직이며 시장을 흔들어놓는 잽 경영을 해야 한다고 주장했다.

실제로 권투를 해보면 쉽지 않다. 체질을 바꾸어야 하는 일이다. 즉 몸을 가볍게 해야 한다는 뜻이다. 몸이 비대하고 무거우면 잽을 날릴 수가 없다. 이미 커질 대로 커진 대기업들은 쉽게 움직이거나 시장에 발 빠르게 대응할 수가 없다.

애플의 스티브 잡스도 끊임없이 경계하며 한 이야기가 있다. "큰 기업이 작은 기업처럼 린(Lean)하게 움직일 수 있는 능력이 오늘날 기업의 성패를 좌우한다"라고 말이다. 차석용 부회장은 그로스해커의 가장 중요한 덕목인 '신속하게 움직이고 기민하게 시장을 살피는 잽 경영'을 알고 실천한 사람이다.

그의 성공 두 번째 키워드는 '성장의 DNA를 심는다'는 말이다. 이를 다른 말로 표현하면 '내진설계'다. 내진설계란, 지진이나 자연재해에 대비해서 건물을 튼튼하게 만들고 구조를 보강해서 뜻하지 않은 위험에 닥쳤을 때 무너지지 않게 하는 것을 말한다. 즉 장기적인 위험을 최소화하는 것과 일맥상통한다.

내진설계로 공사를 하려면 비용이 많이 들고 기간도 길어진다. 당장 지진이 일어나는 것도 아닌데 굳이 이 시점에 돈과 시간을 들일 필요가 있을까? 이는 선택의 문제다. 그래서 많은 기업들은 사업 포트폴리오에 내진설계란 개념을 담고 있지 않다.

만약 한 사업부가 대박을 터뜨리면 그 사업에 가진 자원들을 집중적으로 투자해 이익을 뽑아낸다. 이익을 뽑아낼 수 있을 때까지 말이다. 그런데 이는 위험하다. 사업의 트렌드는 언제나 변하기 때문에, 시장이 변화했을 때 내진설계가 되어 있지 않으면 기업은 무너질 수 있다.

차석용 부회장은 LG생활건강의 내진설계를 위해 사업포트폴리오 구조를 끊임없이 변화시켜왔다. 그 결과 2005년 매출의 비중이 생활용품 사업 67%, 화장품 사업 33%로 2가지 사업군이었는데, 2018년에는 화장품 사업 58%, 생활용품 사업 22%, 음료 사업 20%로 사업구조가 바뀌었다. 삼각편대의 사업구조 덕분에 어느 하나의 사업이 흔들리더라도 회사 전체가 무너지지 않게끔 설계했다.

그리고 수익률이 낮은 생활용품 사업의 비중을 낮추고, 고수익 사업인 화장품 사업의 비중을 크게 늘렸다. 음료 사업의 구조를 만들기 위해 2007년 코카콜라를 인수했다. 그리고 시너지를 내기 위해 다이아몬드 샘물을 인수하고 뒤이어 해태음료를 인수해 음료 사업의 기반을 완성시켰다.

지속적인 성장을 꿈꾸는 그로스해커는 한두 가지의 기발한 마케팅이나 아이디어의 성공에 만족하거나 안주하지 않는다. 그리고 잘되고 있을 때 끊임없이 내진설계에 투자해서 닥쳐올 미래의 위험에 대비한다. 한 가지 재미있는 사실은 그 어떤 천하의 기업에게도 지진과 재해의 순간은 반드시 온다는 것이다.

차석용 부회장은 직원들에게 이렇게 말했다. "역사학자 아놀드 토인비는 '성공의 반은 죽을지 모른다는 절박한 상황에서 비롯되고, 실패의 반은 잘나가던 때의 향수에서 비롯된다'고 말했습니다. 우리 모두가 절박한 마음으로 우리만의 무엇을 갈고 닦으며 최고의 혁신을 이어갈 때, 우리는 머지않은 미래에 세계적인 명품 화장품 회사가 되어 있을 것이라 믿습니다."

그가 강조하는 그로스해커의 DNA는 바로 절박함이다. 마치 마크 저커버그가 전 세계의 사람들을 연결시키겠다는 절실한 사명을 가졌던 것처럼, 그에게는 LG생활건강을 세계적인 명품 화장품 회사로 키워내겠다는 절실한 사명이 있었다. 그리고 이를 이루기 위해 절박함으로 지금까지 달려온 것이다.

15년 동안 LG생활건강을 성공적으로 이끌어온 그에게서 우리가 배워야 하는 가장 큰 가르침은 바로 '절박함'이라는 키워드가 아닐까 싶다.

CHANGE
THE WORLD!

당신이 절실함으로 무장했다면 이제 성공을 위한 준비를 마친 셈이다. 이전까지의 삶이 어떻든지 우리가 동경하던 성공한 사람들과 우리에게는 공통점이 생겼다. 이제는 이것을 극대화해서 앞으로의 삶을 바꾸는 일만 남았다. 나의 생각을 심플하게 비우고, 나의 관점을 바꿔서 열린 생각을 가져야 한다. 그리고 긍정의 에너지로 절실함에 물을 주고 용기를 북돋아준다면, 이미 당신의 인생은 반전이 시작된 셈이다.

4

준비 끝,

이제부터 반전이 시작된다

나는 관점이라는 말을
아주 좋아합니다

자신의 분야에서 성공한 사람들에게는 '반드시 꿈을 이루겠다는 절실함'의 유전자가 깊이 새겨져 있다. 단지 이를 풀어가는 생각과 관점이 다를 뿐이다.

절실함에 대해서 주변 사람들과 많은 이야기를 해보았다. 어떻게 하면 자신의 미래를 위해서 끊임없이 스스로를 다독이고 목표를 세울지, 그리고 그 목표를 어떻게 달성해서 성공으로 이루어낼 것인가에 대한 이야기였다. 그런데 뜻밖의 의견들이 많았다.

특히 젊은 사람들일수록 절실함이라는 단어에 대해서 상당히 부정적이었다. 그 이유는 '절실하다'는 표현이 "아주 없어 보인다"라는 것이다.

마치 절실하다고 하면 실패한 사람들, 밑바닥까지 간 사람들이 마지막 발악을 하는 느낌처럼 보인다는 것이다. 그래서 요즘의 젊은 사람들은 집에서 놀지언정, '없어 보이게' 무엇인가를 하고 싶지 않다고 한다. 그저 '쿨하게' 살고 싶다고 한다.

절실하게 열심히 해봤자 취업도 어렵고 승진도 어려우니, 그저 마음이라도 편하고 싶다는 뜻일 것이다. 그들의 입장이 공감도 되고 안타까운 마음도 든다. 다만 내 마음속에 불안감이 드는 것은 어쩔 수 없었다.

절실하게 하나의 목표를 세우고, 이를 달성하고자 간절한 마음으로 최선을 다했다고 치자. 그런데 '그렇게 열심히 해도 안 되면 어떡하지?' '실패한 후의 좌절감은 누가 책임지지?' '친구나 주변 사람들에게 비웃음거리가 되지 않을까?'라는 생각이 든다.

절실함으로 무장한다는 것이 구체적으로 어떤 의미인지, 그리고 무엇부터 먼저 시작해야 할지 고민이 많을 것이다. 이런 고민을 하고 있는 그들에게 무슨 이야기든 해줘야 한다는 생각이 들어서 내 마음이 무겁다.

결국 문제는 관점이다

내가 이전에 썼던 몇 권의 책을 보면 단골손님처럼 등장하는 인물이 있다. 그 이름은 '박용후'다. 워낙 유명한 사람이라 자기계발에 관심이 있는 사람이라면 한두 번쯤 이름을 들어봤을 것이다.

나의 가치로, 나의 브랜드로, 나의 관점으로 나는 성공했다.

그는 자신을 대한민국 유일의 '관점디자이너'라고 소개한다. 20여 곳에서 월급을 받는 스마트워커라 칭한다. 거침이 없고 개성이 강해서 그에 대한 호불호가 명확하다. 물론 그를 좋아하기 시작하면, 그의 말 한마디 한마디에 빠져들고 따르게 된다.

내가 그를 알고 지낸 지 7년 정도 되었다. 나는 주위 사람들에게 그를 만나기 전과 후를 기점으로 삶이 달라졌다고 말한다. 마치 인류 역사가 기원전과 기원후로 나뉘듯이 말이다. 그의 책 『관점을 디자인하라』를 읽고 나서 그를 만나면, 이론으로서만이 아니라 실천하는 행동을 보면서 배울 점이 많다고 느껴졌다.

그를 처음 만났을 때 나는 이마트에서 전략과 마케팅을 책임지는 상무였다. 소위 '잘나가는 대기업' 임원이 된 후라 내 나름대로 어깨에 힘도 들어가 있던 때였다. 지금 돌이켜보면 조금은 부끄럽기도 하다.

지금은 유통업계가 여러모로 어려운 상황이지만, 당시는 눈부시게 성장하던 때였다. 내가 몸담은 회사는 유통업체 중 압도적인 1등을 달성했고, 매출은 매년 10% 이상 성장했다. 게다가 여러 브랜드가 고객들에게 무한한 사랑을 받았다. 대형마트라는 개념을 뛰어넘은 새로운 전략 덕택에 주변에서 칭찬을 듣기도 했다.

새로운 혁신을 리드하던 나에게는 조금씩 교만이 쌓인 것 같다. 점차 내가 주도해온 마케팅 전략과 방식이 옳다고 믿기 시작했다. 쉽게 말하면 머리는 굳고, 시야는 좁아졌으며, 생각의 틀은 닫혔던 것이다.

외부에 나가서 사람들의 다양한 의견을 듣기보다는 회사 사무실에 앉아서 일방적으로 직원들에게 지시했다. 고객들보다는 회사 오너가 바라는 방향이 무엇인지에 관심을 쏟았다.

당시 40세에 대기업 상무 자리에 올랐으니 상당히 파격적인 인사라고 인정받았지만, 지금 돌이켜보면 어느 곳에나 있을 법한 '꼰대' 임원처럼 변했던 것 같다. 그런데 나는 당시에 그것을 느끼지 못했다.

30대 중반에 경영 컨설팅 회사를 과감하게 그만두고, 신세계 그룹에 들어갔을 때 다짐했던, 내가 그동안 배웠던 경영전략을 1등 유통업체에서 원 없이 펼쳐보겠다는 포부는 점차 잊혀졌다. 그리고 이마트의 마케팅은 대한민국의 일상생활을 움직이는 가장 큰 마케팅이었으니, 반드시 내가 우리나라 최고의 마케터가 되겠다는 목표도 점차 희미해졌다.

매일매일 매출과 행사기획에 매달렸고, 하루에도 몇 번씩 기분이 롤러코스터를 탔다. 내가 생각했던 꿈에 대한 절실함은 희미해졌고 현실에 안주했다. 앞으로 10년만 더 임원 생활을 했으면 좋겠다고 기도하기도 했다.

그러던 때에 박용후를 만났고, 그의 책을 읽으면서 깨달았다. 그동안 내심 깔보고 욕하던 평범한 임원의 모습을 나에게서 발견했던 것이다. 나는 그날 참으로 부끄럽다는 생각이 들었다. 그러고는 『관점을 디자인하라』는 책 표지를 크게 출력해서 사무실 사방에 붙여두었다.

그래서 나뿐만 아니라 나와 함께하는 마케팅부 직원들도 볼 수 있게 했다. 책상에서 일하다가 고개만 들면 볼 수 있게 말이다. 그때부터 나는 그동안 '당연하다'라고 생각했던 일에 집착한 것은 아닌지, 새로운 관점을 추구하기 위해 매일매일 반성하고 곱씹었다.

절실함이라는 유전자를 가슴 깊이 새기자

나는 판단을 해야 할 때 '내가 열린 생각을 하고 있는지, 닫힌 생각을 하고 있는지'를 기준으로 잡고 판단한다. 특히 박용후를 통해서 새롭게 만난 새롭게 만난 사람들이 나에게 영감을 주기도 했고, 주변에 두고 싶을 정도로 소중한 사람들이 되었다. 매일 저녁 그들의 이야기를 들으면서 새로운 시각을 갖게 되었다.

이전에는 주로 대기업 회사원, 대학교수, 컨설턴트처럼 내 업무와 비슷한 일을 하는 사람들을 만났다. 그러다가 '비즈니스'를 하는 사업가들을 만나면서 관점이 바뀌기 시작했다.

벤처기업 창업가, 자영업을 하는 사장, 유명 강사, 1인 기업 마케터, 운동선수, 연예인 등 그동안 만나보지 못했던 사람들을 만났다. 그들은 자기 분야에서 성공을 이룬 사람들이었다. 그들과 나누는 이야기는 먼 나라의 신비로운 모험담처럼 들렸고, 내 마음을 설레게 만들었다.

그러면서 나는 그들과 나의 차이점을 발견하게 되었다. 나는 나의 가치(Value), 그리고 나의 브랜드로 사는 것이 아니라, 단지 기업의 임원이라는 직함에 사로잡혀 살고 있었다는 점이다.

반면에 그들은 자신만의 가치와 브랜드가 있었다. '회사에서 잘리면 어쩌나' 하는 막연한 공포에서 일찌감치 해방된 사람들인 데다 자신들의 꿈을 좇아 새로운 시도를 하고, 열린 마음으로 모험에 뛰어드는 사람들이었다. 그리고 그 꿈을 이루겠다는 절실함과 간절함이 보통 사람들을 뛰어넘는 수준이었다. 엄청난 에너지가 느껴졌다.

자기가 좋아하고 하고 싶은 일을 하면서 꿈을 꾼다는 것은 누군가 강요하지 않아도 절실함을 가지게 만든다. 그런 절실함의 DNA를 가지고 있었기에 각자의 분야에서 성공한 것이다. 그럼에도 쉬지 않고 공부하고, 토론하고, 서로를 독려하며 꿈을 키워가는 그들의 모습이 나에게는 더 큰 도전의식을 불러일으켰다. 이후에 내 삶의 방향은 조금씩 달라졌다.

나는 한 기업의 마케팅 담당 임원이라는 한계를 넘어서 나만의 브랜드를 만들고, 직함에 연연하지 않고 나의 가치를 키우겠다고 꿈꾸었다. 그렇다고 회사 업무를 소홀히 하겠다는 뜻은 아니었다. 오히려 꿈을 꾸며 새로운 관점으로 업무를 하다 보니 기존의 구태의연한 생각들은 사라지고, 새로운 아이디어와 방법이 떠올랐다. 그 결과 직원들로부터 마케터로서의 역량을 이끌어낼 수 있었고, 장기적으로 좋은 성과를 얻을 수 있었다.

모든 일을 성공으로 이끌어낸 것은 아니다. 뜻하지 않은 일로 인해서 10년간 쌓은 경험을 고스란히 두고 회사를 나오기도 했다. 한동안 힘들었고 방황하는 시간도 있었지만 결코 실망하거나 좌절하지 않았다. 오히려 내 브랜드를 키울 수 있는 기회의 시간 이었다고 생각한다.

출세의 길을 밟는다고 하더라도 한 회사의 월급쟁이라는 직함은 영원하지 않다는 사실을 깨달았다. 더더욱 나의 관점과 생각은 커져서 지금의 나를 만든 자산이 되었다. 무엇보다 나의 꿈을 꾸고, 이를 이루겠다는 절실함을 내 DNA에 깊이 새겨넣는 계기가 되었음에 감사한 마음이다.

젊은 친구들이 생각하듯이 절실함이라는 것은 결코 '없어 보이는, 실패자들의 이야기'가 아니다. 자신의 분야에서 성공한 그들에게는 '반드시 꿈을 이루겠다는 절실함'의 유전자가 깊이 새겨져 있다. 단지 이를 풀어가는 생각과 관점이 다를 뿐이다.

성공한 사람들은
어떻게 절실함을 키우는가?

마음속에 절실함이 있다면 생각의 한계와 틀부터 깨보자. 이를 위해서 마음을 활짝 열어보자.

절실함을 간직한 사람들은 우리와 무엇이 다를까? 그저 쿨하게 살고 싶은 젊은이들이 절실한 마음을 가지지만, 그렇다고 없어 보이거나 불쌍해 보이지 않게 자신의 꿈을 좋아가게 도와줄 수 있을까? 그저 뼈에 사무치도록 강렬한 에너지로 무엇인가를 바라기만 하면 되는 것일까? 절실함을 DNA에 새겨서 성공하고, 그 성공에 만족하지 않고 끊임없이 성장하는 이들의 공통점은 무엇일까?

우리는 수천 년의 역사 속 제국들의 흥망성쇠를 바라보았고, 성공과 몰락의 길을 걷게 되었던 안타까운 기업들의 스토리도 살펴보았다. 그리고 그로스해킹 마인드로 엄청난 성장을 만들어낸 이야기도 살펴보았다. 그들을 통해 '절실함을 가진 사람들의 특징'을 3가지로 정의할 수 있다. 첫째, 극도의 단순함과 본질에 집중하는 사람이다. 둘째, 새로운 관점으로 막혀 있던 생각들을 열어가는 사람이다. 셋째, 극한의 긍정과 용기를 간직한 사람이다.

단순함과 본질에 집중하라

'극도의 단순함과 본질에 집중하는 것'은 쉬운 일이 아니다. 절실하다는 것은 무엇인가를 간절히 이루고자 하지만 풀기 어려운 숙제를 안고 있다는 뜻이기도 하다.

모든 일이 술술 풀리거나 이미 만족하고서 안주한다면 결코 절실한 마음을 가질 수 없다. 그런데 새로운 꿈을 꾸기 시작하면 사람은 절실해지기 시작한다.

절실한 마음을 품을 수밖에 없는 꿈이라면, 그것은 결코 쉽게 얻을 수 없는 것이다. 그리고 상황은 어렵기 마련이다. 일반적으로 사람은 어려운 상황을 만날수록 머릿속이 복잡해진다. '이렇게 하면 좋을지' 갈피를 잡지 못하고 우왕좌왕한다. 이럴 때는 '내가 하고 싶은 일'이 무엇이고, '이루고 싶은 것'이 무엇인지를 차분하게 정의하는 일이 우선이다.

평범한 사람들은 자신이 진정으로 '무엇을 하고 싶고, 무엇을 잘할 수 있는지'를 잘 모른다. 20년간 학교를 다녔어도 우리는 정작 '내가 무엇을 원하는지 진지하게 생각하는 법'을 배우지 못했다. 그런데 주위 사람들이 나에게 무엇을 바라는지는 잘 안다. 부모님이 원하는 나의 직업이 무엇이고, 친구나 주변 사람들에게 잘 보이려면 나의 어떤 모습을 보여주어야 하는지 말이다.

주변 사람들도 그 사람 자체를 인정하고 평가하기보다는 늘 타인과의 비교를 통해 판단한다. 결국 사람들은 주변과 비교하며 열등감을 느끼면서 살아간다. 항상 자기보다 나은 사람, 자기가 가지지 못한 것에 대해 절망하고 안타까워한다.

그런데 절실한 마음으로 꿈을 이루고자 하는 사람이라면, '진정으로 내가 무엇을 원하는지'를 고민한다. 그런 다음 생각을 단순화한다. '성공하고 싶다' '돈을 많이 벌고 싶다' '행복하고 싶다' 같은 막연한 생각은 절실한 꿈이 아니다. 몽상에 불과하다. 나에 대해서 깊이 성찰하고, 연구하고, 내 능력과 자질을 파악하며, 내가 하고 싶은 꿈과 목표를 설정하는 것이 중요하다.

'어떤 일을 하고, 아니면 지금 하는 일에서 어떤 위치, 어느 정도 수준까지 이르고 싶다' '지금의 일을 그만두고 새로운 도전을 하고 싶다면, 구체적으로 무슨 일을 준비하고 어떤 것을 하고 싶은지'와 같이 꿈을 단순하게 정의해야 한다.

돈을 벌고 싶은가? 그렇다면 '언제까지, 그리고 어느 정도의 시드머니(seed money)를 만들고, 그 돈을 벌기 위해서는 어떤 재테크를 해야 할지, 얼마씩 넣어야 하는지' 등을 단계별로 목표를 세워야 한다.

주변 사람들의 이야기를 듣고 갈팡질팡하는 태도는 절실한 것이 아니다. 내가 간절히 원하는 것을 정하고, 이를 이루기 위한 본질적인 방법을 정의해야 한다. 그리고 그것들을 아주 단순화해야 한다.

절실한 사람의 머리는 극도로 단순하다. 모든 상황을 단순화해서 풀어야 할 문제들을 파악하고, 그 문제를 해결하고자 모든 에너지를 쏟아부어야 한다. 그런 다음 하나의 문제를 해결하고, 작은 성취를 이루면 또다시 그 다음의 성취를 위해 목표를 정의하고 절실한 마음을 가다듬는다. 이것이 성공하는 사람들 특유의 '절실함' 프로세스다.

새로운 관점과 열린 생각을 가져라

'새로운 관점과 열린 생각'이 중요하다. 사람이 풀기 어려운 문제에 봉착하면 마음은 조급해진다. 눈앞의 문제에만 골몰하게 되어

과거의 경험은 잊어라. 열린 생각과 마인드로 관성을 거슬러 걸음을 옮겨라.

서 생각과 시야도 좁아진다. 그러고는 과거의 경험에 근거해서 풀 수 있는 문제인지, 그렇지 않은 문제인지를 판단한다. 하지만 이미 과거의 경험은 지금의 현실과 아직 닥치지 않은 미래와 통하지 않는다.

지금처럼 빛의 속도로 모든 것이 바뀌는 세상에서 과거의 경험이라는 것은 시대착오적인 생각이다. 예전에 하기 어려웠던 일이라고 지금 되지 않으리라는 법은 없다. 그런데 사람들은 "예전에 해봤는데 안 되었다"라는 식으로 시도조차 하지 않는다.

『관점을 디자인하라』의 표지에 "없는 것인가, 못 본 것인가?"라는 문구가 있다. 평범한 많은 사람들은 과거에 본인들이 했던 하나의 경험으로 마치 모든 세상 사람들의 경험을 다 해본 것처럼 생각을 한다. 어쩌면 예전의 나만 그 방법을 몰랐고, 나만 못 보았던 것일 수도 있다. 그런데 사람들은 자신이 못 보았지만 분명히 옆에 버젓이 존재하고 있는 방법을 아예 없다고 생각해버리는 경향이 있다. 왜냐하면 차라리 그렇게 생각해버리는 것이 마음이 편해서다. 나는 그것을 '관성'이라고 부른다.

관성의 법칙은 "외력이 없을 경우 물체는 항상 등속도운동의 상태, 즉 일직선을 따라 균일한 속력으로 움직이는 상태를 유지하고자 하는 힘을 가진다"로 정의된다. 이 법칙은 갈릴레오가 정리를 해서 '갈릴레오의 법칙'이라고도 부른다.

"우주 안에 존재하는 모든 물체는 새로운 자극이나 외력이 없으면 기존에 움직이던 대로 혹은 가만히 있던 대로 유지하고자 하는 성향이 있다"는 법칙인데, 이는 물체뿐 아니라 사람들의 마음과 태도에도 적용된다. 즉 사람들의 모든 일상은 관성의 법칙으로부터 영향을 받는데, 그렇게 그냥 하던 대로 원래 있던 대로 있고자 하는 천성을 가지고 있다는 뜻이다.

무엇이든 새로운 생각을 하고 새로운 방식으로 살던 방식을 바꾼다는 일은 참으로 어렵다. 그런데 절실함을 가진 사람은 관성의 법칙을 거스른다. 과거에 다른 사람들도 다 해봤던 방법으로는 새로운 것을 만들어낼 수 없기 때문이다.

관성을 거슬러 새로운 자극과 외력을 자신이 만들어내야 한다. 없던 에너지를 쥐어짜서라도 편히 있던 자리에서 일어나게 하고, 바람을 거스르는 방향으로 걸음을 옮기도록 움직이게 만들어야 한다. 이를 위해서는 열린 생각과 마인드를 가져야 한다.

지금까지 우리가 믿고 있던 사실들이 어쩌면 사실이 아닐 수도, 그리고 불가능하다고 믿고 있던 믿음이 틀릴 수도 있다는 열린 생각을 가져야 한다. 하지만 안타깝게도 이미 닫힌 생각을 하는 사람들이 많다. 이미 새로운 기회와 일들에 대해서 자신의 경험과 생각으로 답을 내놓고, 안 되는 이유만 찾는다.

나는 대형마트의 전략 및 마케팅 담당 임원을 하면서 수많은 사람들을 만났다. 카드사, 보험사, 제조사, 통신사, 자동차 회사, 은행, 방송사 등 다양한 업계의 대표와 임원들을 만났다. 10년간 임원들만 100명 넘게 만났다. 그 과정에서 내 나름의 판단 기준이 생겼다. 사람을 두 부류로 나눌 수 있는데, 열린 생각을 하는 사람과 닫힌 생각을 하는 사람이다.

어떤 CEO는 대기업의 회장 위치에 있음에도 전혀 권위적이지 않고 열린 생각으로 내 이야기를 귀담아 들었다. 반면에 어떤 사람은 '어차피 잘 안 될 일'이라며 새로운 시도를 아예 생각조차 하지 않았다. 그저 자기가 원하는 방향을 들어주기만을 바랐다.

열린 자세로 함께 아이디어도 내고 허심탄회하게 의견을 나누다 보면 좋은 시너지가 났다. 상대방을 만나는 자리만으로도 즐겁고 기분이 좋았다. 그런데 그런 사람들은 생각보다 적다.

재미있는 것은 닫힌 사람이라고 생각했던 사람들 중의 대다수가 연말이나 다음 해가 되면 회사에서 잘리고 만다는 사실이다. 내가 그렇게 느꼈을 정도이니, 아마도 그 회사 내부에서도 나와 비슷한 판단을 한 것이 아닐까 싶다.

다른 회사의 임원들과 미팅을 할 때 내가 겪어본 가장 짧은 시간이 15분 정도였다. 우리나라에서 가장 큰 자동차 회사의 담당 상무를 만났을 때였다. 업무차 만났는데 첫인상부터 좋지 않았다. 상대의 얼굴은 피로감이 역력했고 인상도 굳어 있었다.

내 이야기를 적극적으로 들으려는 태도도 없었고, 15분이라는 짧은 시간 동안 전화를 두 번이나 받느라 미팅은 계속 끊겼다. 상대방이 두 번째 통화를 끊은 직후, 나는 다른 미팅이 있다는 것을 깜빡했다고 하면서 자리에서 벌떡 일어났다. 당연히 양사의 팀장과 실무자들은 당황해서 어찌할 줄을 몰라했다. 하지만 더이상 그와 그리고 상대 회사와 할 이야기가 없었다.

물론 내가 제안한 제휴안은 우리나라에 없었던 획기적인 안으로, 전혀 다른 생각과 열린 마음으로 머리를 모으더라도 성사될 가능성은 낮았다. 그럼에도 나는 새로운 생각과 시도를 통해 양사에 전혀 없던 새로운 기회를 만들어내고 싶다는 절실함이 있었다.

그 다음 해에 그가 연말 임원인사에서 탈락했다는 소식을 들었다. 아마도 그는 회사에서 입지가 좋지 않아 그 스트레스 때문에 점점 생각이 좁아지고, 어떻게든 성과를 내야 한다는 초조함 때문에 기존 방식에만 목을 매고 있지 않았을까? 그러니 성과는 안 나고 더 초조했을 것이다.

절실함이 있는 사람은 열린 사람이다. 어려운 미션을 맞닥뜨릴수록 눈을 들어 시야를 넓히고 새로운 생각을 하려고 한다. 늘 만나던 사람들이 아니라, 새로운 사람을 만나서 그동안 못 들어본 이야기를 들으려고 한다. 지금 당장은 도움이 안 되더라도 '그럴 수도 있겠다'는 열린 마음으로 생각을 나누는 사람이다. 이제는 세상의 그 어떤 일이라도 이전에 해오던 방식으로 더 좋은 결과를 내는 경우는 단언컨대 없다. 새로운 사업으로 성공을 하는 경우는 더더욱 없다.

열린 생각을 가진 사람은 전혀 다른 질문을 한다. 기존의 생각을 깨기에 질문만큼 좋은 것은 없다. "왜 꼭 그래야만 하죠? 다른 방법은 없는 건가요? 과연 이것이 최선일까요? 내 생각에는 될 것 같은데요"라고 말이다.

이러한 질문이 생각의 방향을 바꾼다. 이를 통해 새로운 관점과 열린 생각을 불어넣는 것이다. 이것은 연습과 노력이 필요하다. 마음속에 절실함이 있다면 생각의 한계와 틀부터 깨보자. 이를 위해서 마음을 활짝 열어보자.

절실함은 극한의 긍정과
용기의 산물이다

자신의 성공한 모습을 그려보는 긍정적인 마인드는 절실함을 키우는 좋은 방법이다. 긍정의 힘은 절실한 사람에게서 보이는 가장 큰 특징이다.

절실한 사람은 '극한의 긍정과 용기'가 있다. 절실함이 있는 사람을 본 적이 있는가? 절실함이 있는 사람을 생각하면 어떤 모습이 떠오르는가? 돈이 없어서 초췌한 모습으로 친구들에게 돈을 빌리러 다니거나 돈이 나올 곳만 찾아다니는 불쌍한 모습인가? 백수로 오래 지내다 보니 피폐해진 모습을 하고는 일자리를 기웃거리고 있는 모습인가?

결핍이 있는 사람들이 절실해 보이는가? 과연 절실함이란 정말 갈 데까지 간, 벽에 부딪힌 사람들이 밑바닥에서 주로 가지게 되는 마음일까? 절실함에 대해서 이처럼 부정적인 이미지를 가지고 있다면, 이미 당신은 진정한 절실함을 가질 수 없을 것이다.

그렇다면 절대로 성공할 수가 없다.

나는 절실함을 간직한 사람을 상상하라고 하면, 사업을 훌륭하게 일으켜 자수성가한 CEO의 모습이 상상된다. 젊을 때 작은 벤처기업으로 시작해 자기 분야에서 독보적인 영역을 만들고, 코스닥에 상장되면서 대박을 치고, 많은 돈을 벌었지만 결코 교만하지 않은 그런 모습 말이다. 게다가 현재에 안주하지 않고 더 큰 시장에서 승부를 걸겠다는 꿈으로 출장 가방을 들고서 비행기에 오르는 모습이 상상된다.

혹은 월급쟁이라 하더라도 맡은 업무에서는 최고라는 자긍심으로, 새로운 관점으로 신선한 상품이나 서비스를 제안하고 만들어서 회사에 기여하고 인정받는 샐러리맨의 모습이 떠오른다. 회사에서 잘나가지만 결코 자만하지 않고, 동료와 부하직원들의 이야기에 귀 기울이는 그런 모습 말이다.

절실함은 절대 긍정을 부른다

살다 보면 뜻하지 않은 일이 벌어진다. 그 결과 모든 것을 잃고 어려움에 빠질 수도 있다. 돈을 모두 날리고는 가난해질 수도 있고, 일자리를 잃어서 백수가 될 수도 있다. 회사 프로젝트에 문제가 생겨서 승진 대상자에서 누락될 수도 있다.

그런데 절실함을 간직한 사람들은 이런 상황에 결코 좌절하지 않는다. 그리고 누구에게나 이런 일은 일어날 수 있다는 것을 인정한다. 어떻게 이 상황을 벗어날 수 있을지에 집중을 하고 쓸데없는 잡생각들을 머리에서 지운다.

자신이 해야 하는 계획을 세우고 회복하기 위해 구체적인 목표를 차근차근 설정한다. 그리고 결코 위축되지 않는다. 외모나 옷차림, 표정 역시 초라해 보이지 않는다. 자신을 관리해서 그렇다. 반드시 이 상황을 이겨내고 성공할 것이라는 긍정의 힘을 자신에게 끊임없이 주입한다.

절실함은 엄청난 긍정의 힘을 필요로 한다. 긍정적이지 않은 사람은 절실하지 않다. '절실한데 부정적'이라는 것은 성립되지 않는다. 부정적인 사람은 이미 포기한 사람이다. 어찌어찌해서 마음을 추스르고 노력을 하더라도, 어려움이 닥치면 다시 뒷걸음친다. 그러면서 "어차피 이렇게 될 줄 알았어. 내가 그렇지 뭐. 세상은 나에게 좋은 걸 줄 리가 없어. 난 사주팔자가 사나워서 어쩔 수 없어"라며 스스로에게 저주를 퍼부으며 주저앉는다.

그것은 절실함이 아니다. 절망스러운 상황이 닥치더라도 "이 어려움은 언젠가는 지나가고, 나에게 또 다른 기회가 온다"라는 긍정적인 마인드가 필요하다.

미국에 한 사람이 있었다. 그는 한때 성공한 사업가로 사랑하는 아내와 좋은 집에서 여유롭고 행복하게 살았다. 그런데 안타깝게도 사업에 문제가 생기면서 모든 것을 잃고는 무일푼이 되었다. 그는 집을 작은 아파트로 옮기고는 앞으로 무엇을 해야 할지 고민했다. 그러나 고민하면 할수록 막연해졌다. 빈손으로 어떻게 새 출발을 할 수 있을지 고민되었다. 그러니 술만 마시면서 지나간 과거만 회상하며 후회했다.

그러던 어느 날, 아침 일찍 일어난 그는 달라지기로 결심했다. 그동안 안 하던 면도를 하고 머리를 정돈하고 옷장에서 가장 멋진 정장을 꺼내 입었다. 그리고 남아 있는 구두 중에서 가장 좋은 것을 꺼내 닦아 신었다. 아내도 드레스를 차려입고는 액세서리를 하고 머리를 손질했다.

부부는 손을 잡고 집을 나와 시내에 있는 한 호텔로 갔다. 그러고는 로비에 있는 소파에 앉았다. 고급 호텔의 레스토랑에서 밥을 먹을 돈은 없었지만, 로비는 모든 사람들에게 언제나 오픈되어 있어서다. 그들은 그 자리에 앉아 멋있게 차려입고 분주하게 움직이는, 소위 '잘나가는' 사람들의 모습을 바라보았다.

많은 사람들이 연회장에서 파티를 하고, 레스토랑의 문을 열고 나오며 미소를 지었다. 부부는 행복한 사람들의 모습을 보면서 행복한 사람들의 긍정적인 에너지를 흠뻑 받아들였다. 앞날이 캄

캄하다고 침울한 분위기의 집에서 우울하게 있다 보면 부정적인 생각만 든다. 부정적 에너지가 더 커지면 심신은 걷잡을 수 없이 피폐해지고 만다. 그래서 그들은 부정적인 생각을 접고, 가장 행복했을 때 자주 가던 호텔에서 잘나가는 사람들을 바라보았다.

그러면서 '나도 다시 저렇게 될 수 있다'는 긍정의 마인드를 키운 것이다. 그들은 다시 일어나 성공해야겠다고, 호텔에서 웃고 있는 사람들처럼 반드시 되고야 말겠다는 절실함으로 무장했다.

마음에 절실함이 충만해지니, 무엇부터 시작해야 할지 떠올랐다. 계획이 떠오르고 당장 이루고 싶은 목표도 생겼다. 사람의 마음과 영혼은 참으로 신기한 것이어서 '긍정의 에너지냐 부정의 에너지냐'에 따라 눈빛이 달라진다. 그에 따라 표정이 바뀌고 말과 행동이 바뀐다. 그러면 모든 것이 달라지고 인생이 바뀐다.

그는 시간이 날 때마다 아내와 함께 호텔에 들러서 긍정의 에너지를 얻고는 다시 일어섰다. 그들은 이전보다 더 크게 성공했다. 성공한 후 다시 호텔 로비에 앉아 과거를 추억했다. 긍정의 마인드와 에너지가 얼마나 큰 힘을 발휘하는지를 알 수 있는 사례다.

절실함은 극한의 긍정적인 마인드의 선물이다. 성공한 사람들에게 주어지는 선물이다. '나는 할 수 있다'는 긍정적인 마인드를 가진 사람들에게 주어지는 선물이다. '그게 되겠어?'라며 부정적이고 회의적인 생각을 한다면 절실함이라는 선물은 사라진다. 대신 절망감이라는 저주만이 차오른다.

몇 년 전에 '배달의 민족' 사무실에 김봉진 대표를 만나러 간 적이 있었다. 그때 사무실 벽에 붙어 있던 문구가 기억에 남는다. "긍정적인 사람은 한계가 없고, 부정적인 사람은 한 게 없다"라는 문구였다. 이 문장을 보고 고개를 끄덕이지 않을 사람이 있을까?

절실함은 용기를 먹고 자란다

이미 성공한 사업가들이자 엄청난 부를 가진 사람들은 부러움의 대상임에도 끊임없이 새로운 꿈을 설계하고 이를 이루기 위해 노력한다. 자신과 주변 사람들에게 절실함의 긍정 에너지를 주입하기 위해, 멋진 문구를 사무실에 붙이거나 머릿속에 입력해둔다.

진정으로 절실함으로 무장한 긍정적인 사람이 못해낼 일은 없다. 하지만 매사에 부정적인 사람은 정말 한 것이 없을 수밖에 없다. 그러고는 모든 것을 남 탓, 주변 탓, 운명 탓으로 돌리고는 주저앉아 있다. 그들의 눈빛에서 절실함은 전혀 찾아볼 수 없다.

절실함과 긍정의 에너지를 가진다는 것은 극도의 용기를 필요

"긍정적인 사람은 한계가 없고, 부정적인 사람은 한 게 없다."

로 한다. 절실함은 긍정과 용기를 먹고 자란다. 그중에서도 용기는 가장 중요한 영양소다. 용기가 없는 사람은 결코 긍정적일 수가 없고, 절실해질 수도 없다. 그 말은 "절대로 성공할 수 없다"는 이야기다.

용기와 항상 따라다니는 단어는 '실패'다. 인터넷에 '용기'라는 단어를 검색하면 좋은 콘텐츠들이 쏟아져 나온다. 자기계발 강사나 유명 인사들의 강의를 보면 '용기'에 대해서 이야기한다. 그중에 가장 가슴 깊이 파고드는 말이 있다. 바로 '실패할 용기'다.

우리는 살면서 "우리가 시도한 모든 일에서 80%는 실패한다"

고 한다. 바비큐 파티에서 불 조절을 못해서 고기를 다 태워버리는 아주 사소한 실패부터, 중간고사 시험공부를 밤새 해놓고는 답을 밀려 써서 시험을 망쳐버린 일, 몇 년간 공무원 시험을 준비하면서도 번번이 낙방하는 고시생의 실패, 이성에게 사랑 고백을 하지만 차이고 마는 사랑의 실패, 더 나아가 전 재산을 쏟아붓고 최선을 다했지만 부도가 나버린 사업가의 실패까지 우리는 실패를 수없이 겪고, 당하고, 주변에서 보기도 한다.

사소한 실패는 그저 웃고 넘길 수 있다. 그런데 큰 실패는 실의에 빠지게 하거나 심하면 자살을 생각할 정도로 절망에 빠지게 만든다. 나 자신만 괴로운 것이 아니라 사랑하는 가족, 친구가 곤란해지거나 온 나라가 심각한 위기에 빠지기도 한다.

사람들은 실패를 두려워한다. 그런데 모든 일에서 80%나 실패를 한다고 하니, 그동안의 내 삶을 생각해봐도 매우 공감된다. 과연 자기가 마음먹은 대로만 살아온 사람이 있을까? 그야말로 '슈퍼 금수저'를 물고 태어나더라도 모든 일을 마음먹은 대로 살 수는 없다. 이것이 세상의 이치다.

어느 날 친구가 술자리에서 자기가 아는 사람인데, 한번 이야기를 들어보라고 했다. 안타까워서 하는 소리라고 하면서, 아버지는 몇 년째 식물인간이 되어서 병실에 의식 없이 누워 있고, 여동생은 몇 년 전에 자살을 했고, 아내와는 이혼했다는 것이다. 게다가 지금은 억울한 일로 구속되어서 구치소에 갇혀 있다는 이야기였다. 참으로 딱하고 불쌍한 일이었다. 친구들 모두 "참 안됐다"고 하면서 그 사람이 누구인지 물어보았다.

그러자 친구는 웃으면서 말했다. 그 사람은 삼성그룹의 이재용 부회장이라는 것이었다. 모두들 어이가 없었지만 잠시 생각을 해보니 다 맞는 말이었다. 우리나라 최고의 부자인 이재용 부회장인데, 그에게 일어난 일들은 너무나 안 되고 안타까운 일이었다.

사람은 누구나 다 실패를 하고 고난을 겪는다. 하지만 그 실패를 두려워하고 주저앉아 현재에 안주한다면, 그에게 발전과 성공은 없다. 실패의 두려움을 극복하고 새로운 것에 끊임없이 도전하는 것이 용기다. 실패 때문에 상황이 힘들어지고 주변 사람들에게 비웃음거리가 될 수도 있다. 쉽게 회복하지 못할 정도로 큰 손해를 볼 수도 있다. 그럼에도 어려움을 두려워하지 않고 도전하는 사람들은 회복탄력성이 높다.

회복탄력성이란 "실패나 부정적인 상황을 극복하고 안정적인 심리 상태를 빠르게 되찾는 성질이나 능력"을 의미한다. 소위 실패를 성공으로 바꾸는 '마음 근육의 힘'이라고 이야기한다.

용기 있는 사람은 회복탄력성이 크다. 이것은 타고나는 것이 아니다. 끊임없는 도전과 실패, 회복과 성공의 경험을 통해 마음의 근육을 단련하면서 생기는 것이다.

근육은 편하게 누워서 약을 먹는다고 생기는 것이 아니다. 남들이 쉴 때 뛰고, 움직이고, 무거운 바벨을 이 악물고 계속 들었다 놓아야 생긴다. 이처럼 회복탄력성은 참을성 있는 단련을 통해 강해지는 것이다.

절실함과 긍정의 마인드, 용기, 이를 위한 회복탄력성은 어쩌면 하나의 대상을 달리 부르는 말이 아닐까 생각한다. 성공하려면 우리가 반드시 간직하고 챙겨 먹어서 우리의 피 속에 늘 흐르게 만들어야 할, 내면의 핵심 영양소들이다.

절실한 사람만이 만드는 멋진 드라마,
턴어라운드와 반전

불확실성의 시대에는 새로운 반전이 필요하다. 그러려면 절실한 마음으로 매일매일 자신을 일으켜 세워야 한다.

요즘 기업 경영진들의 화두는 바로 턴어라운드(Turn Around)이다. 그동안 성장의 시대가 지나고 역신장이 된 지금, 매출은 줄어들지만 최저임금 인상과 52시간 근무제 등을 통해 인건비 및 각종 비용은 빠르게 올라간다.

또한 점차 쪼그라드는 시장을 놓고 경쟁사와 싸우다 보니 수익은 날로 악화되어 간다. 그래서 많은 기업들은 장기적인 생존을 위해 이전과는 다른 방안들을 찾기에 골몰하고 있다.

경제 전체가 침체해가는 반면에 경영 컨설팅 업계는 요즘 호황을 맞이하고 있다. 그 이유는 턴어라운드 전략 컨설팅에 대한 수요가 커져서 그렇다. 기업의 턴어라운드는 어려움에 빠진 기업이 과감하게 변화하고 혁신해서 드라마틱한 실적 개선을 이루는 것을 말한다.

소위 '기업회생'이라고 부르는데, 부실이나 침체로 인해 적자에 빠진 기업이 견실한 성장을 통해 흑자로 돌아서는 것을 의미한다. 부진한 실적을 턴어라운드시키기 위해 기업은 과감한 구조조정(Structural Regulation), 조직개혁(Reengineering), 경영혁신(Restructuring) 등의 경영 방식을 활용한다.

절실함, 턴어라운드를 이룬 기업들의 공통점이다

요즘 사모펀드 기업(Private Equity)들은 여러 이유로 매물로 나온 기업들을 M&A(인수)하고, 새로운 경영진이 들어가면서 많은 변화 과정을 거치고 있다. 그 결과 더 좋은 구조와 실적을 만들어서 인수했던 가격보다 몇 배의 가격으로 매각하는 일들을 하고 있다. 미디어에서는 성공적인 M&A와 매각 등에 대한 유명 사례들이 회자된다. 그만큼 우리나라의 M&A 시장이 점차 커지고 있다.

기업의 임원이라면 경영을 하는 입장이니 어려운 회사를 인수하고 새로운 경영진으로 들어가 혁신적인 노력으로 기업을 턴어라운드시키고, 엄청난 성과급을 챙기는 일을 한번쯤 꿈꿔봤을 것이다. 이는 참으로 매력적인 일이기 때문이다.

다만 사모펀드를 포함한 다른 기업들의 M&A 사례가 모두 성공을 거두는 것은 아니다. 미국의 경제지 〈하버드 비즈니스 리뷰〉에서는 "M&A를 완료한 기업 중 65%는 오히려 이전보다 기업의 가치가 더 낮아진다"라고 했다. 즉 65%가 실패한 사례이고, 35%만이 이전보다 나아지거나 그나마 본전 정도 한다는 것이다. 정말 놀라운 결과다.

아마도 우리가 미디어에서 본 '대박'의 M&A 사례들은 상위 1% 이내의 경우들이 아닐까 싶다. 최고의 인재들이 모인 사모펀드나 전문 기업의 엘리트들이 최선을 다해도 턴어라운드의 30% 가량만 성공한다니, 참으로 쉽지 않은 미션이다.

M&A 시장에 나온 기업들을 보면 몇 가지 공통점이 있다. 첫째, 대개의 경우 업황이 좋은 회사들은 아니다. 성장하고 있는 사업 분야를 가진 기업이라면 현재의 실적이 별로라고 하더라도 웬만해서는 오너가 팔지는 않는다. 지금도 안 좋고 앞으로도 너무나 경쟁이 치열하거나 이미 트렌드가 지나간 사업인 경우에 M&A 시장에 나온다.

둘째, 방만한 사업확장과 무분별한 신사업 등으로 정리해야 할 부실들이 많은 경우다. 나름대로 미래를 위해 투자했다고 하지만, 깊은 고민이나 분석 없이 주로 오너의 취향이나 욕심, 주변의 권유나 경쟁사에 대한 무분별한 벤치마킹 등으로 벌여놓은 사업들일 가능성이 크다.

셋째, 내부 조직문화는 이미 무너질 대로 무너지고 조직문화는 패배주의로 빠져드는 경우다. 새로운 혁신이나 변화에 무조건 반대를 하고 방해를 하기 마련이다.

이러한 3가지의 핸디캡과 어려움을 극복하고, 한계에 직면한 사업구조를 과감히 탈피해 전혀 다른 업태로 재무장하며, 수익에 도움이 되지 않는 사업을 신속히 정리하는 일은 어렵다. 게다가 모든 일에 색안경을 끼고 반대하거나 패배의식으로 손을 놓은 직원들에게 생각을 바꾸고 관점을 전환해 다시 열심히 일하게 만드는 것은 정말로 어렵다. 마치 종합 예술에 가깝다.

몇몇 성공 사례들을 면밀히 분석해보면, 턴어라운드를 이루어 낸 기업들의 공통적인 키워드는 바로 절실함이었다. CEO부터 직원들까지 자신의 회사가 심각한 어려움에 처했고, 새로운 변화가 없으면 모두가 일자리를 잃을 수도 있다는 사실을 이해했다.

모두 힘을 합쳐서 지금의 어려움을 이겨내면 더욱 강한 기업으로 거듭나고, 오래가는 회사로 만들 수 있다는 것을 한마음으로 공감하면 절실함이 생긴다.

그리고 함께 해보자는 긍정의 에너지가 생기고, 35%밖에 되지 않는 성공의 확률에 함께 도전해보자는 용기가 있다면, 그 회사는 이미 턴어라운드에 성공한 셈이다.

회사 구성원 모두가 하나로 뭉쳐서 한 방향으로 비전을 가지고 움직이는데도 망했던 사례는 본 적이 없다. 앞에서 살펴본 천년 제국들의 흥망성쇠, 잘나가던 기업의 성공과 실패, 임진왜란을 이겨낸 이순신 장군 이야기 등을 통해 반드시 그렇게 된다는 것을 확신한다. 마찬가지로 턴어라운드에 실패하는 회사들은 모든 구성원들이 절실함을 함께 나누고 한 방향을 바라보는 데 실패해서였다.

우리 삶에도 반전이 필요하다면 절실함을 부르자

기업뿐 아니라 우리 개인들의 삶에도 턴어라운드가 필요하다. 이를 '인생 반전'이라고 표현하는데, 삶에 있어서의 역전의 기회를 우리는 간절히 바란다.

우리는 영화를 통해 혹은 책을 통해 어려움에 처했다가 부단한 노력으로 인생 반전을 만들어낸 사람들의 이야기를 접하고는 큰 감동을 받는다. 하지만 크고 작은 실패를 거듭하고 있는 우리가 매일 아침이면 훌훌 털고 일어나, 긍정적인 용기를 가지고 집을 나서는 것부터가 반전이다.

인생의 반전을 원하는 마음, 그것이 절실함이다. 긍정의 마인드를 더해 폭발적인 에너지를 키운다면 기회는 반드시 온다.

우리가 시도하는 모든 일의 80%가 크고 작은 실패라는데, 반대로 이 실패를 통해 배우고 같은 실수를 반복하지 않는다면 80%라는 반전 기회가 있는 셈이다.

내가 아끼는 친한 동생이 있다. 그는 온라인 영어교육 사이트 '야나두'를 성공적으로 경영한 벤처 경영인이다. 최근에 '카카오키즈'라는 회사에 야나두를 매각하고, 영어교육을 넘어 더 큰 교육시장에 승부를 걸고자 카카오키즈의 공동대표로 새 출발을 했다.

그는 매각한 돈으로 편하게 해외여행이나 하면서 즐기며 살 수도 있었을 텐데, 새로운 벤처를 창업하는 마음으로 다시금 모든 것을 걸었다고 했다. 나는 그를 보면서 도전의식에 놀라고 감동을 얻는다.

그는 자신을 '프로 실패꾼'이라고 부른다. 그는 야나두로 성공하기 전까지 7~8년 동안 20개가 넘는 사업이나 프로젝트에서 실패했다. 가장 크게 망했던 사업을 들어보면 재미있다.

부산에서 태어난 그는 프로야구 롯데 자이언츠의 광팬이었다. 그래서 야구를 즐기면서 사업도 할 수 있는 것이 무엇인지 생각했다. 그러다가 약 10년 전에 '갈매기타임즈'라는 롯데 자이언츠 관련 무가지 신문을 만들어 무료로 나누어 주었다.

야심차게 준비했지만 무가지 사업은 이미 트렌드가 지났었고, 신문을 받아든 사람들은 읽기는커녕 깔고 앉거나 찢어서 응원도구로 활용했다. 결국 3억 원이라는 큰돈만 잃고 빚만 지고 말았다. 그럼에도 그는 좌절하지 않고 절치부심의 시간을 보냈다. 그러고는 새로운 사업에 재도전했다. 그것은 바로 응원할 때 머리에 쓸 수 있는 머리띠를 제작해서 파는 사업이었다. 머리띠는 날개 돋친 듯 팔렸고 재기의 발판을 마련할 수 있었다.

그는 아이가 넷인 다둥이 아빠다. 요즘 같은 세상에 아이를 넷이나 키우는 것 자체만으로도 부담이 컸을 텐데, 사업이 쫄딱 망하고 빚까지 지게 되었으니 얼마나 좌절했을까? 아마도 가장으로서 느끼는 어깨의 짐이 엄청났을 것이다. 그도 힘들어서 한번은 도망치듯이 태국 방콕으로 여행을 떠나서 '혼자 이곳에서 삶을 마감할까?'라는 생각도 했다고 한다.

하지만 부양해야 할 가족에 대한 책임감, 못다 이룬 꿈에 대한 미련, 주저앉아 있을 수만은 없다는 절실함이 그를 다시 일으켜 세웠다. 그는 절실해질수록 과거의 방식에 집착하지 않았고, 새로운 시각으로 전혀 해보지 않은 일에 새롭게 도전했다.

어느 날 그는 EBS 방송국에 찾아갔다. 그는 당시 EBS에서 진행하던 고등학생을 위한 수능 강의 콘텐츠로 사업을 하자고 제안을 했다. 이미 EBS는 많은 곳에서 그런 제안을 받아서 진행해 봤기에 굳이 그와 손을 잡을 필요는 없었다. 그런데 그는 당당하게 EBS에 제안했다.

그는 EBS의 강의 콘텐츠를 수강생들에게 무료로 듣게 하겠다고 제안했다. 수강생이 만약 1년 동안 강의 콘텐츠를 끝까지 성실하게 수강했다면, 수강료 전액을 환불해주겠다는 획기적인 마케팅 방식이었다. EBS는 반신반의했지만 새로운 방식을 믿어보고 그가 제안한 서비스를 시작했다. 그런데 이 '말도 안 되는 서비스'가 엄청난 대박을 쳤다.

누구든지 자기가 끝까지 수업을 듣지 않을 것이라고 생각하면서 수강권을 끊는 사람은 별로 없다. 그런데 끝까지 성실하게 공부하면 돈을 다 돌려준다니, 이 서비스를 가입하지 않으면 바보 아니겠는가?

이 서비스는 공전의 히트를 기록하면서 엄청난 회원수를 모집했고 큰돈을 벌었다. 훗날 나는 "어떻게 그런 위험부담을 갖고 과감한 선택을 할 수 있었는지"를 그에게 물어보았다. 그러자 그는 이렇게 말했다. "대다수의 평범한 사람들은 그렇게 성실하지 않아요. 실제로 해보니 끝까지 수강하고 환불받아가는 사람들은 10%도 되지 않았어요."

그는 이 성공으로 자기만의 사업에 도전했다. 지금의 '야나두'를 창업하고는 그때와 마찬가지로 끝까지 수강하면 수강료를 전액 환불해주겠다는 획기적인 서비스를 제시했다. 이 획기적인 서비스로 야나두는 온라인 영어교육 분야에서 1등을 달성했다.

그는 반드시 다시 일어나겠다는 절실함을 바탕으로 일을 풀어나갔다. 보통 사람들과는 다르게 세상을 바라보는 것으로 말이다. "수강생들이 다 환불해가면 어쩌려고 하느냐"는 걱정에 "왜 해보지도 않고 지레 포기하나요?"라는 긍정의 대답으로 용기 있게 나아갔다. 그리고 왜 걱정과 두려움이 없었겠는가? 하지만 그렇게 용기 있게 남들이 하지 않는 방향으로 시도하지 않으면, 결코 성공은 오지 않는다는 확신이 있었던 것이다.

'남들과는 달라야 한다'는 그의 관점은 남들이 같은 방향으로 갈 때, 뻔한 방식으로 안전하게 살고 싶은 관성을 거스르는 용기로 인해 완성되었다. 그리고 그는 수많은 사업에서 실패했던 프로 실패자 인생에서 누구나 부러워하는 성공한 벤처 사업가의 인생으로 반전을 이루어냈다.

사람들은 모두 자기 삶의 반전을 꿈꾼다. 완전히 실패했던 극적인 경험이 있는 사람부터 그저 평범하게 살아가는 월급쟁이에 이르기까지, 지금 이대로만 살기를 원하는 사람은 드물다.

그래서 오늘도 수많은 사람들이 로또를 산다. 로또를 통해 인생 반전을 만들고 싶은 마음은 나도 마찬가지다. 그래서 길을 걷다가 로또 판매소를 보면 가끔씩 로또를 산다. 그런데 재미있는 것은 정말 당첨되고 싶은 간절함으로 뼈가 사무칠 정도의 강렬한 마음은 없다는 것이다. 그저 '되면 좋고, 아니면 말고' 식이다.

진정으로 인생의 반전을 원한다면, 그리고 막연한 돈이나 출세를 원하는 것이 아니라 마음속에 정말 이루고 싶은 목표와 꿈이 있다면, 마음속에 절실함이 생길 것이다. 그 절실함을 폭발적인 에너지를 내도록 만들어주는 긍정의 마인드를 키운다면 반드시 반전의 기회는 생긴다.

절실함만으로 앞만 보고 달리려는 나의 다리를 잡아채는 내면의 두려움과 주변의 비웃음을 용기로 따돌려야 한다. 구체적인 목표와 꿈을 이루기 위해 남들과는 다른 관점으로, 구태의연한 생각을 버리고 지금까지 나를 짓누르던 관성을 깨야 한다. 그러면 이미 당신의 삶은 반전을 이루어낸 것이나 마찬가지다.

이미 반전의 길로 접어들어 기적과 같은 성공을 만들어내는 당신을 매일 바라보며 즐기기만 하면 될 것이다.

절실함, 세상의 모든 성공 기운을 끌어당기는 기술

세상 사람들은 부와 성공을 원한다. 하지만 슬프게도 모든 사람이 부자가 되거나 성공할 수는 없다. 자본주의 세계에서 부와 성공은 상대적인 것이다. 그래서 누군가가 많은 돈을 벌고 출세하면, 누군가는 적게 벌고 위로 올라가지 못한다. 성공의 샴페인을 터뜨리는 사람이 있다면, 누군가는 공원에 앉아 마음을 추스르면서 먼 하늘만 봐야 하는 사람이 있다.

그래도 모든 사람들이 절망만 하고 슬퍼하면서 지내는 것은 아니다. 삶에 만족하고 '이 정도면 됐다'라고 스스로를 위안하면서 살 수 있기 때문이다.

대부분의 사람들은 자기만족을 하면서 적당히 타협하며 살아간다. 이것이 꼭 나쁜 것은 아니다. 어쩌면 이렇게 사는 것이 더 편하고 행복할 수도 있다. 나보다 더 못사는 사람이 있고 더 실패한 사람이 있다고 생각한다면, 아무리 지금 힘이 들더라도 우리는 언제든 웃을 수 있다.

또한 나름대로 '나도 성공한 삶이다'라고 위안하는 태도는 정신건강에도 좋다. 이 정도로 자족하고 위안받으며 사는 삶이 어릴 때부터 자기가 꿈꾸던, 소박하지만 안정적인 삶의 모습이라면 아무 문제는 없다.

하지만 이런 마음으로 산다면 자기 삶을 주도적으로 이끌 수는 없다. 직장인이라면 직장상사에게 휘둘리거나 회사의 눈치를 볼 수밖에 없다. 게다가 자기가 원하지 않는 때에 회사를 나와야 하는 경우가 대부분이다. 자영업이나 사업을 하는 사람이라면 경기 변동과 상황에 따라 현상 유지라도 하는 것에 감사해야 한다.

내 삶에 주도권을 가지고, 내가 하고 싶은 일을 하며, 내가 꿈꾸던 일을 이루고, 내가 계획한 삶을 산다는 것은 정말로 짜릿하고 행복한 일이다.

다만 그 꿈을 이루기 위해 남들보다 덜 자고, 덜 놀고, 더 노력해야 한다. 그러니 삶이 힘든 것은 당연하다. 그런데 내가 계획하고 절실하게 바라던 일들이 이루어졌을 때 마시는 한잔의 축배는 과거의 어려움을 잊게 만드는 데 충분하다.

한때 베스트셀러였던 『시크릿』에서는 "부와 성공에는 법칙이 있다"고 말한다. 이 법칙을 깨닫고 실천하는 사람만이 성공한다는 내용이다. 이후에 비슷한 제목의 책들이 출간되었다. 그 책들의 공통점은 '부와 성공을 이룬 사람들은 스스로 그렇게 되고자 목표와 계획을 세웠고, 절실하게 노력한 사람'이라는 것이었다.

『백만장자 시크릿』에서는 백만장자의 마인드를 강조하면서 "부자들은 그들만의 부자 매뉴얼이 있다"고 말한다. 부자 매뉴얼에 의하면 가장 중요한 것은 '나는 백만장자 부자가 되겠다'고 선언하는 것이 가장 중요하고, 선언을 한 이후에는 부자 매뉴얼에 있는 행동 지침을 따라야 한다고 했다.

부자 매뉴얼의 행동지침은 어쩌면 어느 책에서나 나오는 뻔한 내용일 수도 있지만, "난 그저 평범하게 하루하루를 보냈는데 어쩌다 부자가 되었고 어쩌다 성공하게 되었다"라는 사례는 어디에도 없다는 것을 강조한다.

현재 나의 경제 상태는 과거에 내가 그린 경제에 대한 청사진에 의해 결정된다. 엇비슷한 환경에서 시작한 사람들도 자신이 그린 경제의 청사진과 마인드에 따라 누구는 부유층이 되고, 누구는 중산층이 되며, 안타깝게도 누구는 저소득층으로 전락한다. 현재의 나의 모습은 과거의 내 생각과 행동의 결정체다. 또 지금 내가 무엇을 하느냐에 따라 미래의 모습이 결정된다.

『시크릿』에서는 '끌어당김의 법칙'이 나온다. 긍정적인 생각과 그것을 받쳐주는 간절한 믿음이 나의 부와 성공을 끌어당기고, 우주의 성공 기운과 에너지를 나에게 이끌어준다고 믿는다.

작가 론다 번은 소원을 이루는 강력한 도구의 하나로써 '그림 그리기'를 강조한다. 그림을 그린다는 것은 바로 꿈을 꾼다는 의

미다. 미래의 나의 모습에 대해서 꿈을 꾸고 그림을 그린다. 청사
진을 그리고, 그 청사진에 다다르기 위한 계획을 세운다.

백만장자 부자들은 늘 그림을 그린다. 성공한 사람들은 자신의
미래 혹은 자신의 사업에 대한 청사진을 만든다. 그리고 마음속
깊이 그 그림과 청사진을 걸어놓고 매일 꺼내서 새겨보고 또 새
겨본다. 그러면서 반드시 이루겠다고 다짐한다. 여러 번 그림을
꺼내봐서 너덜거릴 정도다.

그리고 주변 사람들에게 "반드시 그 그림대로 나는 이루어낼
것"이라고 선언한다. 그 과정을 통해 간절한 마음을 가지고, 이
루고 싶다는 절실함으로 무장한다. 절실함으로 무장하면 일상은
달라지고, 그림에 그려진 나의 꿈에 한 발짝 더 다가서게 된다.

이제는 현재에 만족하면서 위안하지 말자. 나보다 가난한 사람, 나보다 성공하지 못한 사람이 있다고 비교하면서 행복해하지 말자. 자기 삶의 주도권을 내어놓지 말고, 미래의 청사진을 대충 그리지 말자.

조금은 번거롭고 힘들더라도, '과연 잘될까' 의심도 되고 작은 실패 때문에 상처를 받거나 자존심이 구겨질까봐 두려워도 조금만 용기를 내보자. 그리고 이미 늦었다고 생각하지 말자.

내가 학생이든, 취업준비생이든, 직장 초년생이든, 아니면 장년층이든 이미 승부가 끝났다고 생각하지 말자. 지금 이 순간 바로 시작한다면 미래를 바꿀 수가 있다. 누구나 그렇듯이 '늦었다고 생각할 때가 새롭게 시작할 가장 최적의 시간'임을 잊지 말자.

이미 간절한 꿈을 포기하고, 그저 하루하루를 보내기에는 앞으로의 인생이 너무나 많이 남아 있다.

환경을 탓하지 말자. 지금이 최악의 불경기라고 푸념하지 말자. 사실 지난 50년 동안 그 당시에 경기가 좋다고 생각했던 적은 몇 번 되지 않는다. 늘 시간이 지난 뒤에 "항상 지금이 역대 최악의 불경기이고 작년에는 좋았다"라고 아쉬워할 뿐이다.

최근 수십 년 동안 우리가 잘 아는 기업들의 흥망을 보면서 어떠한 생각과 마인드, 어떠한 관점으로 무장하고 움직이느냐에 따라 승부가 난다는 것을 배웠다. 흥하는 기업과 제국에는 언제나 꿈을 꾸는 CEO와 황제가 있었다. 그리고 그 꿈을 이루고자 하는 절실함으로 온 구성원이 하나로 뭉쳐 불가능한 일들을 이루어냈다. 망하는 기업과 제국에는 새로운 꿈을 잃어버리고 자만심과 고정관념으로 각자의 기득권만 지키기 위해 꼼짝 않고 주저앉아 있는 자들만이 있었을 뿐이었다.

생각이 가장 중요하다. 인간이란 존재는 머릿속에서 어떠한 생각과 마인드를 가지느냐에 따라 몸이 움직이고 행동이 나오기 때문이다.

현재 나의 삶이 그럭저럭 만족스러운가? 그러면 나뿐만 아니라 내 주변의 사람들까지도 더욱 행복하게 만들어줄 새로운 꿈을 꾸어라. 지금의 나의 삶이 만족스럽지 않고, 변화를 원하는가? 그러면 절실한 마음으로 내 인생의 반전을 이루고, 내 삶을 주도적으로 끌고 갈 수 있는 작지만 아주 단단한 그림을 그려라.

나의 미래는 지금의 나의 꿈과 나의 그림, 내가 그린 청사진에서부터 시작된다는 것을 명심하자. 그것을 아는 것이 세상의 모든 성공 기운을 끌어당기는 시크릿 법칙의 제1계명이다.

장중호

■ 독자 여러분의 소중한 원고를 기다립니다

메이트북스는 독자 여러분의 소중한 원고를 기다리고 있습니다. 집필을 끝냈거나 집필중인 원고가 있으신 분은 khg0109@hanmail.net으로 원고의 간단한 기획의도와 개요, 연락처 등과 함께 보내주시면 최대한 빨리 검토한 후에 연락드리겠습니다. 머뭇거리지 마시고 언제라도 메이트북스의 문을 두드리시면 반갑게 맞이하겠습니다.

■ 메이트북스 SNS는 보물창고입니다

메이트북스 홈페이지 www.matebooks.co.kr

책에 대한 칼럼 및 신간정보, 베스트셀러 및 스테디셀러 정보뿐만 아니라 저자의 인터뷰 및 책 소개 동영상을 보실 수 있습니다.

메이트북스 유튜브 bit.ly/2qXrcUb

활발하게 업로드되는 저자의 인터뷰, 책 소개 동영상을 통해 책에서는 접할 수 없었던 입체적인 정보들을 경험하실 수 있습니다.

메이트북스 블로그 blog.naver.com/1n1media

1분 전문가 칼럼, 화제의 책, 화제의 동영상 등 독자 여러분을 위해 다양한 콘텐츠를 매일 올리고 있습니다.

메이트북스 네이버 포스트 post.naver.com/1n1media

도서 내용을 재구성해 만든 블로그형, 카드뉴스형 포스트를 통해 유익하고 통찰력 있는 정보들을 경험하실 수 있습니다.

STEP 1. 네이버 검색창 옆의 카메라 모양 아이콘을 누르세요. STEP 2. 스마트렌즈를 통해 각 QR코드를 스캔하시면 됩니다. STEP 3. 팝업창을 누르시면 메이트북스의 SNS가 나옵니다.

———————— 님의 소중한 미래를 위해
이 책을 드립니다.